特別支援教育サポートBOOKS

特別支援教育の視点でつくる「個別最適な学び」と「協働的な学び」

新井 英靖 編著
茨城大学教育学部附属特別支援学校 著

明治図書

はじめに

現行の学習指導要領が公示されてからすでに５年以上が経過しました。学習指導要領は10年に一度，改訂されますので，これからは，現行の学習指導要領を完全に実施することが求められると同時に，次の時代の教育実践のかたちを検討する時期にきています。

そうしたなかで，筆者は各地の特別支援学校を訪問したときに，知的障害のある子どもの「深い学び」をどのように考えればよいか，という質問を多く受けています。これまで知的障害のある子どもの教育では，「本物の生活を実際的，体験的に学ぶ」ことが重要であると考えられてきましたので，教科学習のなかで抽象的思考を働かせ，「深い学び」を実現することが求められると，とまどう声が上がることは不思議なことではありません。

加えて，特別支援教育の分野では，あらゆる教科でICTを活用することが求められています。もともと，これまでも，障害特性への配慮（合理的配慮）の一環で，ICTを有効に活用して教材などを「見やすく」「わかりやすく」提示する方法が多く紹介されてきました。

こうした流れのなかで，2021年に出された中央教育審議会（以下，中教審）の答申「『令和の日本型学校教育』の構築を目指して ～全ての子供たちの可能性を引き出す，個別最適な学びと，協働的な学びの実現～（答申）」では，ICTを有効に活用することが今後の教育実践にとって不可欠なものであることが指摘されています。特に，「主体的・対話的で深い学び」を実現するために，「ICTを活用した授業改善」の必要性が強調されていて，今後の教育実践改革の方向性が示されています。

そこで，本書では，この答申の内容をベースにして，ICTを活用して知的障害のある子どもたちの「深い学び」を実現する授業づくりについて解説します。具体的には，知的障害児の教科学習にICTを活用すると，子どもの学びはどのように変化するのかについて述べていきたいと考えます。

もちろん，単にICTを授業に取り入れれば，新しい教育実践が開発できるわけではありません。そのため，本書では，ICTの活用方法をただ紹介するのではなく，ICTの活用が一人ひとりの実態や興味に即した学び（個別最適化された学び）にどのようにつながり，かつ，「協働的な学び」の促進にどのように寄与するのかという点が明確になるように執筆しています。

このように，「令和の日本型学校教育」で求められている実践は，ICTを効果的に活用して「個別最適化された学び」と「協働的な学び」が織り合わさったものであると考えます。多くの学校現場では，実践課題が山積するなかで，新しい授業のかたちを模索することは心理的に大きな負担となることが予想されます。そうしたなかで，本書がICTを活用した授業づくりに少しでも貢献でき，令和の時代の新しい教育実践のかたちを切り拓く契機となれば幸いです。

2024年7月　　　　　　　　　　　　　　　　執筆者を代表して　新井英靖

凡例

本書のなかでは，以下のように略語を使用しています。

○中教審：中央教育審議会，2021，「『令和の日本型学校教育』の構築を目指して～全ての子供たちの可能性を引き出す，個別最適な学びと，協働的な学びの実現～（答申）」
○解説各教科等編：『特別支援学校学習指導要領解説　各教科等編（小学部・中学部）』（平成30年３月版）
○解説総則編：『特別支援学校学習指導要領解説　総則編（幼稚部・小学部・中学部）』（平成30年３月版）
○文科省資料：文部科学省初等中等教育局教育課程課，2021，「学習指導要領の趣旨の実現に向けた個別最適な学びと協働的な学びの一体的な充実に関する参考資料」（令和３年３月版）

目次

第3章
さまざまな障害児のICTの活用と授業づくり

第 1 章

「個別最適化された学び」と「協働的な学び」を実現するには

1 「令和の日本型学校教育」が求める教育実践のかたち

1 「個別最適な学び」と「協働的な学び」のハイブリッド展開

新型コロナウイルスにより学校が休校に追い込まれるなど，2020年を境に日本の学校教育は大きく変化しました。それ以前からGIGAスクール構想と称して，子どもたちは1人1台端末を持ち，授業のなかでICTを活用できるように進められてきましたが，コロナ禍において普及が加速し，学校と自宅をオンラインでつないで遠隔授業を受けることができるところまで発展しました。

こうしたなかで，2021年に出された中央教育審議会答申（以下，「中教審」）では「GIGAスクール構想により整備されるICT環境を最大限活用し，『個別最適な学び』と『協働的な学び』を充実していくことが重要である」と指摘され，日本の学校教育が進むべき方向性が示されました（中教審，2021，p.39）。これは，人工知能（AI）の急速な発達を受けて，子どもたち一人ひとりの実態に応じた教育を展開できるようにすることが求められている一方で，そうした時代だからこそ他者と協働する力を学校で身に付けていくことが重要になるという内容でした。

新しい時代の教育は「ICTの活用や，対面指導と遠隔・オンライン教育とのハイブリッド化による指導の充実」が求められています（中教審，2021，p.77）。

このように，ICTを活用した「個別最適な学び」と

「協働的な学び」をハイブリッドに展開していくことが現代の教育では求められています。

2　文房具として ICT を活用する

こうした教育改革の方向性は，「明治から続く我が国の学校教育の蓄積である『日本型学校教育』の良さを受け継ぎながら更に発展させ，学校における働き方改革と GIGA スクール構想を強力に推進しながら，新学習指導要領を着実に実施すること」が求められていることです（中教審，2021，p.16）。つまり，明治時代から続いてきた学校（学級）で開発されてきた教材や黒板を使って教師が教えるというスタイルから抜け出し，インターネットや情報技術を駆使した教育へと改革していくことが求められているということであり，少し大げさに言うと，これまでの教育を大改革することが求められているということです。

中教審でも，「急激に変化する時代の中で育むべき資質・能力」として，「人工知能（AI），ビッグデータ，Internet of Things（IoT），ロボティクス等の先端技術が高度化してあらゆる産業や社会生活に取り入れられた Society5.0時代が到来しつつあり，社会の在り方そのものがこれまでとは『非連続』と言えるほど劇的に変わる状況が生じつつある」と指摘されています（中教審，2021，p. 3）。つまり，現代の教育で求められている「個別最適な学び」は，単に一人ひとりに応じた教育を展開すれば良いというのではなく，「ICT の日常的な活用による授業改善」が求められているということを意味しています。

具体的には，「ICT を“すぐにでも”“どの教科等でも”“誰でも”活用できる環境を整え，日常的に活用すること」が求められています。これは，「文房具」として ICT を活用できるようにするということであり，こうした授業改善によって「主体的・対話的で深い学び」を実現していくことが必要であると考えます（中教審，2021，p.77）。

このように，ICT を授業のなかで他の文房具と同じくらい当たり前に利用して，授業改善を図っていくことが令和の日本型学校教育では求められています。これまでも，学校の先生方はイラストや写真などを黒板に貼ってわかりやすい授業になるように教材・教具を工夫してきましたが，これからの授業づくりには，その工夫の一つに ICT の活用が不可欠なものとなってくるということです。

3 「DX（デジタルトランスフォーメーション）」という視点からの授業改善

しかし，筆者は中教審で示された「ICT の活用による授業改善」は，単なる教育方法の改善にとどまるものではないと考えています。なぜなら，そうした授業改善を行う最終的な目的は，「主体的・対話的で深い学び」の実現だからです。

すなわち，授業のなかで効果的に ICT を活用することによって，これまで以上に主体的に学ぶ姿が見られるようになれば，子どもは学習内容を深く理解しようとします。また，ICT を活用することによって，他者の意見や考えにこれまで以上にふれることができるようになれば，子どもは自分の考え方を修正したり，新しいアイデアを思いついたりして，やはり学びが広がり，深まる契機となるでしょう。

つまり，ICT の活用はこれまでチョークとトークで教えていた授業が，電子黒板と映像資料を用いた授業に変わるといった「教育方法」の問題にとどまらず，子どもの「深い学び」に大きく影響を与えるものであると考えます。これは，ICT を活用することのなかった時代では，到達し得ない深い学びを実現することこそが，令和の日本型学校教育に求められているということだと言えるでしょう。

この点をふまえると，ICT は授業の文房具ではありますが，新しい文房具を使うことで，子どもの学びそのものが大きく転換する可能性があるということを私たちは意識して授業づくりを行う必要があります。これを「デジタルトランスフォーメーション（DX）」と呼ぶのであれば，令和の日本型学校教育で求められているICTの活用とは，デジタルを活用した学びへの転換（教育DX）であると言えます。

中教審では，DXについて，「将来の成長，競争力強化のために，新たなデジタル技術を活用して新たなビジネスモデルを創出・柔軟に改変すること」であると解説しています（**中教審，2021，p. 5**）。これを教育分野で考えるなら，「新たなデジタル技術を活用して，新しい思考や学びが創出される」ことを目指して授業改善を進めていくことが求められています。

4 「教育DX」で子どもの学びはどのように変わるのか？

それでは，「教育DX」で子どもの学びはどのように変わるのかという点を見ていきましょう。たとえば，市販のドリルを毎日，1ページずつ進めながら学習していたものをタブレットに書き込んで，解いたドリルを電子ファイルに綴じこんでいくということもICT活用の一つです。しかし，単にファイルの形式が紙からデジタルへと移行しただけであれば，学びが大きく変化するものではありません。

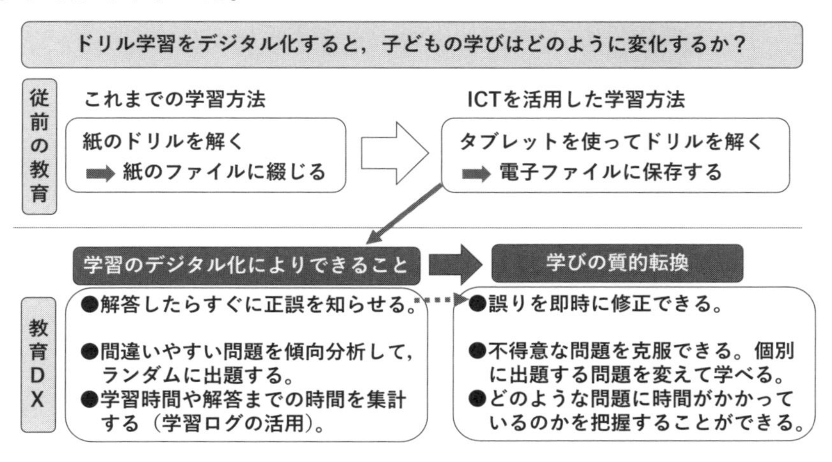

そうではなく，学習をデジタル化することで，解答したらすぐに正誤がわかるようになれば，すぐに子ども自身も「間違っていた」ということがわかり，即時に修正することができるようになります。また，問題の正誤をいくつかの領域に分類して整理できれば，計算はできるけど，図形の問題が苦手であるなど，間違いやすい問題の傾向を分析することもできます。こうすることで，間違いやすい問題を少し多めに出題するなど，一人ひとりに合ったドリル（出題）を作成しやすくなることも，デジタル化の効果の一つです。

一方で，デジタル化されたドリル学習では，学習に取り組んだ時間も記録されます。こうした学習記録（ログ）を有効に活用することができれば，解答までに時間がかかっている問題を把握することもできるので，次の学習課題を検討するための参考にすることもできるでしょう。

5 深い学びを実現するためにICTを活用する

以上のような学びの転換は，教育方法の改革という視点から捉えれば，教育DXと言えるのですが，子どもの側から捉えれば，それまで気付くことのなかった学びが実現できるという意味で，「深い学び」や「学びの広がり」を促進していくものです。令和の日本型学校教育では，こうした学びをすべての子どもに提供していくことが求められています。

それでは，どのようにICTを活用すれば，学びが深まったり，広がったりするのでしょうか。文部科学省初等中等教育局教育課程課から出されている資料（以下，「文科省資料」）によると，ICT活用の特性や強みは次の3点に整理されています。

表１－１　ICT 活用の特性や強み

①	多様で大量の情報を収集，整理・分析，まとめ，表現することなどができ，カスタマイズが容易であること（観察・実験で得たデータなどを入力し，図やグラフ等を作成するなどを繰り返し行い試行錯誤すること）
②	時間や空間を問わずに，音声・画像・データ等を蓄積・送受信でき，時間的・空間的制約を超えること（距離や時間を問わずに児童生徒の思考の過程や結果を可視化する）
③	距離に関わりなく相互に情報の発信・受信のやりとりができるという，双方向性を有すること（教室やグループでの大勢の考えを距離を問わずに瞬時に共有すること）

（文科省資料，2021，p.５）

こうした ICT の活用により，学び方が変化すると，子どもの思考や判断，表現なども変化していきますので，従来にはなかった学びを実現することができます。そして，このことは，特別支援教育の実践についても同様です。以降，特別支援教育における ICT 活用の特徴とポイントについて見ていきたいと考えます。

【文献】

・中央教育審議会，2021，「『令和の日本型学校教育』の構築を目指して ～全ての子供たちの可能性を引き出す，個別最適な学びと，協働的な学びの実現～（答申）」
・文部科学省初等中等教育局教育課程課，2021，「学習指導要領の趣旨の実現に向けた個別最適な学びと協働的な学びの一体的な充実に関する参考資料」（令和３年３月版）

2 特別支援教育における「個別最適な学び」と「協働的な学び」

1 特別支援教育における「個に応じた指導」の課題

第1節で述べてきた「ICTを活用した授業改善（あるいは，深い学びを実現するための教育DX）」は，すべての子どもに適用されるべきものであり，特別支援教育も例外ではありません。しかし，「特別支援教育の推進」という視点から，「個別最適化された学び」に関する課題を述べると，どうしても「個別指導計画」の策定や，「一人一人に応じた課題」が授業中に設定されているかなど，従来から存在している「個に応じた指導」の在り方が検討されることが多くなります。

この点については，文科省資料でも同様の記述がみられます。第1節でも紹介した「ICT活用の特性や強み」を示した資料の中で，特別支援教育に関するページには，「障害のある児童生徒については，児童生徒一人一人の障害の状態等により，学習上又は生活上の困難が異なることに十分留意することが必要」であり，そのため，「障害の状態や特性及び心身の発達の段階等に応じて，指導内容や指導方法の工夫を検討し，適切な指導を行うことが大切」であるという指摘にとどまっています（文科省資料，2021，p.32）。

さらには，「学習指導要領においては，『個に応じた指導』の観点から，個々の児童生徒の障害の状態等に応じた指導内容や指導方法の工夫を組織的かつ計画的に行うものと規定されています。障害のある児童生徒については，個々の児童生徒の実態を的確に把握し，個別の指導計画を作成し活用することに努めることとし，特に，特別支援学校や特別支援学級，通級による指導を受けている児童生徒については，個別の指導計画を作成し活用することが義務」とされています（文科省資料，2021，p.32）。しかし，こうした指摘以外に，障害のある子どもに対してどのようにICTを活用することが重要であるかということを記述している箇所はありません。

2　特別支援教育におけるICT活用の重要性

一方で，特別支援教育の実践課題を解決するためにICTを活用する必要性は，有識者会議のなかで指摘されてきました。たとえば，新しい時代の特別支援教育の在り方に関する有識者会議では，「これまで特別支援教育においては，ICTの活用が積極的に行われてきた」と報告されています。そこでは，「情報化の推進は，障害のある子供が，学校での学習や生涯学習，家庭生活，余暇生活など子供のあらゆる活動にアクセスすることを容易にし，更には自然災害等の非常時においても，そうした機器やサービス，情報を適切に選択・活用することで社会生活を可能とするという，大きな社会的意義をもっている」と指摘されています（新しい時代の特別支援教育の在り方に関する有識者会議　報告，2021，p.21）。

これによると，単に学習指導の場面のみならず，家庭での生活や災害時でさえも，情報機器や情報サービスを適切に選択・活用することが重要であると考えられます。これは，障害者支援においてICTの活用は学習上および生活上，不可欠のものであると考えられているということです。

新しい時代の特別支援教育の在り方とICTの活用

学校での学習
生涯学習
家庭生活
余暇生活
自然災害等の非常時
＊機器やサービス、情報を適切に選択・活用する

具体的には，「タブレットを使った授業などで，自分の考えをタブレット

に書いて自らの意見を視覚的に表現しやすくなるなど，集団学習における個に応じた支援に生かすことができる」と指摘されています。また，「将来的には，例えば，障害のある子供の個々の教育的ニーズに応じた適切な指導の観点から，教材等の使用状況を自動的に記録し，取組の過程や解答状況等をデータとして蓄積することにより，エビデンスに基づいた指導の質の向上を目指すことも期待される」とも述べられています（新しい時代の特別支援教育の在り方に関する有識者会議　報告，2021，p.22）。

このほか，「今後，ICT 環境の整備や教材の研究が進むことにより，更なる普及が期待される」ものの一つとして，「特別支援教育における文部科学省著作教科書のデジタル教科書化」が挙げられています。もともと，特別支援教育においては，教材を開発する際に，視覚化できるイラストや動画などを多く使用してきましたが，デジタル教科書は，「視覚情報や音声情報を複合的に分かりやすく提示したり，必要な情報を簡単に取り出したりすることが可能であるなど，指導におけるツールとして非常に効果的である」と考えられていて，その活用方法を今後，検討する必要があると指摘されています（新しい時代の特別支援教育の在り方に関する有識者会議　報告，2021，p.23）。

3　合理的配慮を超えた ICT 活用の方法

以上の点を整理すると，特別支援教育の分野で ICT の活用について検討する場合には，ICT を障害による困難を補うための「合理的配慮」として活用する場合と，障害の有無に関わらず学びを広げ，深めていくために活用する場合に分けられます。たとえば，「タブレットを使った授業などで，自分の考えをタブレットに書いて自らの意見を視覚的に表現しやすくする」といった ICT の活用は，耳から入る情報よりも，目で見たほうが理解できるという「障害特性」を有する子どもであれば，障害による困難を補償すための方法となります。一方で，「タブレットを使って意見をまとめ，表現する」ことは，障害の有無に関わらず，日常的に行うことができるものでもあります。

こうしたICTの活用は，すべての子どもに適用できるものであり，広く一般的に学びを広げ，深める方法であると言えるでしょう。

学びの促進　　障害の補償

学びを広げ，深めるためにICTを利用する

合理的配慮としてICTを利用する

ICTを活用する2つの意義

これまで，特別支援教育においてさまざまに紹介されてきたICT活用の方法は，どちらかと言えば，「合理的配慮としてのICT活用の方法」であったと考えます。特に，知的障害児教育においては，従来の教育の目標では，「深い学び」を実現することではなく，「生活に必要な知識・技能」を身に付けることに主眼が置かれてきましたので，そうした時代においては，「生活上の困難を補うためのツール」としてICTの有効性を指摘する実践が多かったことは特に不思議なことではありません。

しかし，これからの時代は，知的障害のある子どもに対しても，各教科の見方・考え方を働かせ，予測困難な社会に対応できる資質・能力を育成することが求められています。そのため，第1節で整理した点をふまえて，特別支援教育においても「ICTの活用による授業改善」を進めていくことが重要です。つまり，（知的）障害のある子どもに対しても，子どもの学びの実態に即して「深い学び」を実現するためにICTを有効に活用する方法を検討していくことが強く求められていると考えます。

4 「個別最適化された学び」と「個に応じた指導」の関連性

ここで，「ICT の活用」とセットにして論じられている「個別最適化された学び」と特別支援教育で従来から言われてきた「個に応じた指導」の関係について整理しておきたいと思います。

中教審では，「個別最適な学び」と「個に応じた指導」について，次のように整理しています。

「『指導の個別化』と『学習の個性化』を教師視点から整理した概念が『個に応じた指導』であり，この『個に応じた指導』を学習者視点から整理した概念が『個別最適な学び』である。」（中教審，2021，p.18）

このうち，文科省資料では，「指導の個別化」と「学習の個性化」の具体的内容を表１－２のように整理して示しています。

表１－２ 「指導の個別化」と「学習の個性化」の具体的内容

指導の個別化	教師が支援の必要な子供により重点的な指導を行うことなどで効果的な指導を実現することや，子供一人一人の特性や学習進度，学習到達度等に応じ，指導方法・教材や学習時間等の柔軟な提供・設定を行うことなどの「指導の個別化」が必要である。
学習の個性化	幼児期からの様々な場を通じての体験活動から得た子供の興味・関心・キャリア形成の方向性等に応じ，探究において課題の設定，情報の収集，整理・分析，まとめ・表現を行う等，教師が子供一人一人に応じた学習活動や学習課題に取り組む機会を提供することで，子供自身が学習が最適となるよう調整する「学習の個性化」も必要である。

（文科省資料，2021，p. 7）

これまで，特別支援教育では，個別指導計画を作成し，子どもの実態に応じた指導課題を設定して授業を展開してきましたが，上記の整理で言えば，「指導の個別化」についてはかなり意識して実践してきたと考えられます。

一方で，興味や関心に沿って学習内容や教材を工夫するといった「学習の個性化」に関する点も，教師の配慮や工夫のなかで実現されてきました。このように捉えると，「個別最適化された学び」は一人ひとりにあった教材を作成することであり，これまでも行われてきたことであると言えなくもありません。今後，こうした「学習の個性化」を実現するために，ICT の活用を積極的に取り入れ，学びを広げ，深めていくことが求められると考えます。

これは，教室で展開されてきた従来までの授業の重要性を認めつつも，新しい時代に合わせた授業へと改善していくことが求められているということです。もちろん，中教審の答申でも，「様々な場面でリアルな体験を通じて学ぶことの重要性が，AI 技術が高度に発達する Society5.0時代にこそ一層高まるものである」と指摘されています（**中教審，2021，pp.18-19**）。そのため，リアルな体験とデジタルな学びを融合させて授業を展開するという点は特別支援教育においても同様に重要な点であると考えます。

本書では，この視点をふまえて，教科学習における深い学びを実現するための ICT の活用方法について，具体的に見ていきたいと考えます。

【文献】

・新しい時代の特別支援教育の在り方に関する有識者会議，2021，「新しい時代の特別支援教育の在り方に関する有識者会議　報告」

3 ICT を活用した授業によって何が変わるのか？

1 デジタルな学びを通して想像力を広げる

特別支援教育の授業づくりにおいて，ICT を活用する方法や，ICT を活用した学びによって，教科ごとにどのような「深い学び」を実現できるのかを紹介する前に，教科学習全般における ICT 活用の意義と方法について見ていきたいと思います。

教科学習において育成すべき資質・能力にはさまざまなものがありますが，現行の学習指導要領では，育成すべき資質・能力について以下の資質・能力の三つの柱から目標を立て，評価していくことが求められています。

1）知識及び技能
2）思考力，判断力，表現力等
3）学びに向かう力，人間性等

ICT を有効に活用すると，これらの三つの柱すべてにおいて効果的な授業を提供できるようになります。そのなかでも，教科学習の「深い学び」を実現するために重要なのは，「2）思考力，判断力，表現力等」であると考えます。それは，「目の前にある物の名前が言える」というだけでなく，あるいは「目の前にいる人とコミュニケーションすることができる（そのための言葉を使うことができる）」というだけではなく，その物を見たときに，あるいは目の前にいる人と話そうとしたときに，「思考をめぐらせ，自分なりの判断を行って，表現する」ということが「深い学び」には重要だからです。

これは，わかりやすい表現を用いれば，「想像力」を働かせるということです。すなわち，現実の生活場面から抜け出し，想像の「セカイ」[1)]でいろいろと思考することが「深く学ぶ」ことの基盤であるという意味です。

本章のテーマでもある，「深い学び」とICTの活用を結び付けて考えるなら，ICTはヴァーチャル空間を創りだすことができるということになります。そして，それは，現実の生活から離れたセカイを創りだすことが容易にできるという点に特徴があると言えます。逆に言えば，生活の本物を体験的に学ぶことが重視されていた従前の知的障害児教育においては，ICTを活用するよりも，教室に具体的な場面を創出したほうが目標を達成できたかもしれません。この点から考えても，知的障害児教育においては，教科学習へとその重点をシフトした現代こそ，ICTを活用した授業改善が強く求められるのだと考えます。

2 授業方法の改善から授業内容の改編へ

以上のように考えると，現代の「深い学び」を実現するためには，ICTの活用によって学びの内容を改善していくことが重要となります。もちろん，さまざまな情報技術を駆使して，授業方法を改善していくなかで，授業の内容が深くなっていくことが必要です。そのため，ICTは単に「見やすくすること」や「興味をもたせること」のためだけに使うのではありません。

それでは，ICT の活用が授業に参加している子どもの深い学びにどのように貢献するのでしょうか。一つは，授業に参加している子どもたちがみんなで教材と向き合い，学んでいくときに内容を深く理解するために ICT を活用することが考えられます。たとえば，世界の地理を学んでいるときに，行ったことのない場所をイメージするためにインターネットを活用して現地の映像を見るなどがこれに当たります。

もう一つは，みんなで学んでいる教材の内容が障害特性や発達の遅れから十分に理解できないでいるときに，一人ひとりの興味や能力に応じた学習を進めるために ICT を利用することが考えられます。たとえば，黒板に模造紙を貼って，学習内容を示しても，どこに注目してよいかわからない子どもに対して，タブレットに同じ掲示物を映し出し，注目してほしいところを大きくして個別に見てもらうなどといった指導が有効な場合があります。

一方で，みんなで協働的に学習を進める場合にも，個別にタブレットを用いて学びを深めることは可能です。たとえば，教師から「このテーマについて，それぞれぞれの考えをまとめてみてください」という課題が出されたとします。一人ひとりの子どもが自分の意見をタブレットに記入し，それを送信することで，みんなの意見を一つの画面に集約することができます。こうすることで，一人ひとりの意見の違いなどを見比べることが容易になるでしょう。

こうした協働的な学びに ICT を用いることは，必ずしも「意見」を述べあう学習場面だけではなく，美術のような芸術系の科目においても可能です。たとえば，

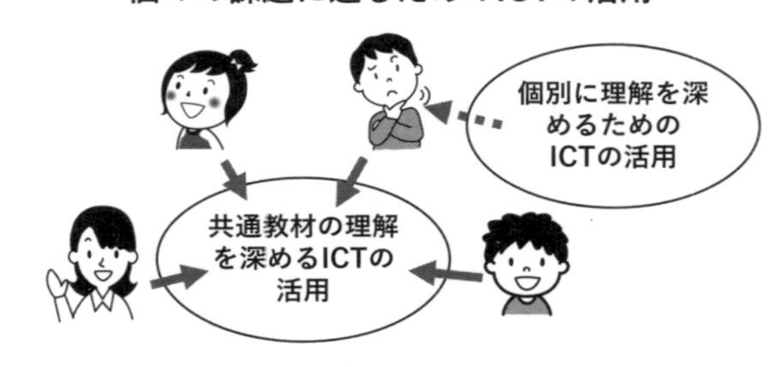

一人ひとりが制作した作品をタブレットに取り込めば，それをテレビ画面やスクリーンに映写できます。それをみんなで見合うことでみんなで鑑賞することができ，新しい表現方法を見つけだす契機となることも多くなることでしょう。

3　履修内容を深めることと個々の能力を高めること

こうしたICTの活用のしかたは，子どもに履修させたい学習内容をわかりやすくしたり，深めたりすることができるようにする効果がある一方で，一人ひとりの能力を着実に高める効果が期待できるものでもあります。これらを「履修」と「修得」というように区別して整理すると，ICTを活用することで期待できる学習効果を整理することができます。

この点については，文科省資料の中でも指摘されています。たとえば，「『指導の個別化』により個々の児童生徒の特性や学習進度等を丁寧に見取り，その状況に応じた指導方法の工夫や教材の提供等を行うことで，全ての児童生徒の資質・能力を確実に育成する」といった「修得」が重要であると指摘されています。その一方で，「一定の期間をかけて集団に対して教育を行う履修主義の考え方を生かし，『協働的な学び』により児童生徒の個性を生かしながら社会性を育む教育を充実することが期待される」とも指摘されています（文科省資料，2021，p.37）。

このように，現代の教育では，「個別最適化された学び」と「協働的な学び」を一体的なものとして展開していくことが重要です。そして，これらの二側面を同時に推進していくなかで，ICTの活用はどちらにとっても不可欠のものとなります。つまり，ICTの活用によって教育方法を大転換させるからこそ，従来の学び方を大きく変える可能性を秘めているものであり，知的障害のある子どもたちに対する学びでも，その質や深さに大きく影響を与えると考えます。

4 ソフトやアプリが教育を発展させるのか？

それでは，子どもの学びを深めるためにICTをどのように活用していくことができるのでしょうか？

ICTを活用する際に注意しなければならないことは，「ソフトやアプリを使えば子どもの学びが深まるわけではない」ということです。これは，考えてみれば当たり前のことですが，近年のICTを活用した授業紹介を見ていると，ソフトやアプリを取り上げ，授業でそれらをどのように活用したのかを紹介するだけの書籍や実践報告が多くあることも事実です。

言うまでもなく，授業づくりにおいて大切なことは，「どのような力を身に付けようとしているのか？」といった目標を明確にして，その目標を達成する過程でソフトやアプリが生きてくるのです。たしかに，情報活用能力そのものを育成しようと思ったら，ソフトの使い方やアプリの活用のしかたを学ぶ時間はあるかもしれません。それでもすべてのソフトやアプリを学べるわけではありませんので，授業で取り上げられるソフトやアプリは，情報活用能力を育成するための手立てということになるでしょう。

そもそも，学習指導において求められる情報活用能力というものは，必ずしもソフトやアプリを使いこなす力を指すのではなく，「教科学習の主たる教材である教科書を含む多様なテキスト及びグラフや図表等の各種資料を適切に読み取る力」のことを言います。そして，「判断の根拠や理由を明確にしながら自分の考えを述べる力を身に付けさせることも必要ですが，そのためには，レポートや論文等の形式で課題を分析し，論理立てて主張をまとめる」力を育成する必要があるのです（文科省資料，2021，p.18）。

こうした能力を育成するときに，「コンピュータ等の情報手段を適切に用いて情報を得たり，情報を整理・比較したり，得られた情報を分かりやすく発信・伝達したりといったことができる力，このような学習活動を遂行する上で必要となる情報手段の基本的な操作の習得を含めた情報活用能力を育成すること」が求められています（文科省資料，2021，p.18）。このように，もともと一人ひとりが自分で考えたことや表現したいことがあり，それを誰かに伝える際にICTを活用していくことが重要であると考えます。

5 デジタル保管庫の有効活用と授業づくり

一方で，指導する教師には，これまで以上に積極的にICTを利用することが求められています。たとえば，中央教育審議会では，「Society5.0の時代を迎えて，学齢期の健康診断及びその結果情報については，個人情報保護や情報セキュリティに配慮しつつ，迅速に電子化するべきである」と指摘されています（中教審，2021，p.82）。近年，大半の保護者がスマートフォンを持っていますので，学校の様子や学年だよりなどをデータで配信する学校も少なくありません。

もちろん，個人情報等には細心の注意を払うことは言うまでもないことですが，学校での様子を言葉や文字で伝えられるよりも，笑顔の写真を掲載して，子どもが楽しく学んでいる姿を保護者に伝えたほうが，学校での学習の様子を理解してもらえるかもしれません。こうした電子化された情報を定期的に伝えることができるのであれば，今後は連絡帳の電子化も検討する価値があると考えます。

一方で，子どもの学びの過程を写真などの電子情報として残すという作業は，保護者に連絡する場面のみならず，学習評価をする際にも有効です。とりあえず，子どもの学びの姿を写真等に収めて，それを情報の保管庫（パソコン上のフォルダ）に収納するだけでも，あとでそれを時系列にそって整理し，並べて見れば，子どもがどのような学びの過程をたどってきたのかを把握することができます。

そして，学習者の主体的な学びの過程を電子的に記録したものが「学習ログ」です。こうした学習の記録をデータ化し，可視化して捉えられるようになると，文科省資料では，子どもの情報を学校や教師が積極的に収集し，分析することによって，一人ひとりの学びを最適化することができると考えています。
　すなわち，「『指導の個別化』は一定の目標を全ての児童生徒が達成することを目指し，個々の児童生徒に応じて異なる方法等で学習を進めることであり，その中で児童生徒自身が自らの特徴やどのように学習を進めることが効果的であるかを学んでいくこと」です。こうした「ICT を活用すること」で得られる新たなデータを活用することで，「きめ細かく学習の状況を把握・分析したり，個々の児童生徒に合った多様な方法で学んだりしていくこと」ができるようになり，それが「確実な資質・能力の育成につながって」いくのです。このように，令和の学校教育では，ICT を活用することで，データに基づく教育実践を展開していくことが期待されています（**文科省資料，2021，pp. 7 - 8**）。

1）ここで「セカイ」とカタカナで表記しているのは，私たちが現に生きている「本物の世界」とは異なり，仮想的に想像のなかに創りだされたものを表現するためです。

第2章

各教科の「深い学び」と ICT を活用した 特別支援教育の授業づくり

ICT を活用した国語科の深い学び①

1 国語科の授業づくりのポイント

1 国語における ICT 活用と授業づくりの課題

特別支援教育の国語の授業で ICT を活用しようとすると，書かれている文章を読み上げるソフトを用いて「読むこと」が苦手な子どもの「読み」をサポートしたり，タブレットを用いて言葉を音声にして伝えることで，「話すこと」を支援するなどの方法が紹介されることが多くあります。これは，「読み書き」に障害のある子どもに対する合理的配慮の基本的な方法であり，日常生活においても，学習指導においても，必要な子どもにはためらうことなく提供してほしいと考えます。

しかし，もともと言葉を使って思考することに困難があったり，言葉を聞いても内容が理解できない知的障害のある子どもは，上記のような合理的配慮を提供しても，国語の内容を深く理解できるわけではありません。これは，特別支援教育で紹介されている ICT の活用が，言葉の入力または出力のプロセスを補助するものが多いからで，「情報処理」にあたる「思考」を広げたり，深めたりすることにあまり注意が向けられていないからだと考えます。

特別支援学校学習指導要領では，国語の目標が

「言葉による見方・考え方」を働かせることであると記載されていますが，国語でこの目標を実現しようと思うなら，情報処理のプロセスにあたる言葉を用いて「思考すること」こそが重要な学びとなると考えます。

2 「思考力」を育てる国語の授業づくり

これは，国語の授業では，言葉を用いて子どもの「思考力」がどのくらい働いたのかという点がポイントになるということです。ただし，知的障害のある子どもは，その障害特性から，言葉を用いて「思考」を深めることはとても難しいことです。それは，「言葉を聞く」ことと，「イメージすること」がうまく統一できないからだと推察されます。こうした子どもに対しては，ICT を活用することでその困難を乗り越えていく授業の工夫が必要となります。

具体的には，聞いた言葉をより鮮明にイメージできるように ICT を有効活用して「読み」を深めたり，「話すこと」を広げたりすることが挙げられます。また，ICT を活用したりすることで，「書くこと」がより明確になったり，表現力が広がったりすることもあるでしょう。

このように，国語の授業で ICT を活用すると，これまでの知的障害のある子どもに実践してきた国語の学びを大きく変えることができると考えます。そこで，次ページ以降で，国語の学びを深めるための ICT の活用方法について詳しく紹介していきたいと思います。

ICT を活用した国語科の深い学び②

2 プロジェクションマッピングのなかで読解力を育成する（読むこと）

1 ICT を活用した「読むこと」の実践課題

これまでの知的障害児や発達障害児の国語の授業でも，言葉を音声で聞くだけだとその内容を十分に理解することができない子どもは多くいました。そうした子どもたちには，絵本を読み聞かせしたり，読んだ話を劇化して演じることで内容をより理解できるようにしたり，特別支援教育の教師たちは多くの工夫をしてきました。

ICT の活用が推奨されるようになった近年では，電子ブックをテレビ画面などに映しだして，それをみんなで見るといった授業もみられるようになりました。そうすると，絵本には注目しなかった子どもでも，テレビ画面なら見るようになり，確かに従来よりも「読むこと」の授業に参加する子どもは増えているように感じます。

ただし，こうした ICT の活用は，単に「注意を向ける」工夫をしているだけであり，内容を鮮明にイメージし，深く理解できる授業の工夫をしているわけではありません。このとき，「読むこと」をもっと深めるために国語の授業を改善するのであれば，「物語の世界に没入する」とか，「登場人物の気持ちになりきる」ことが必要であり，そのために ICT を活用することを考えていく必要があります。

2 テーマパークのアトラクションの世界をつくる

私たちが物語の世界に没入し，楽しみながら，イメージを広げている場面を考えると，テーマパークのアトラクションが思い浮かびます。たとえば，ディズニーの映画にあった世界を再現し，ライドに乗って体験するテーマパークでは，かなり手の込んだ舞台装置を作り，音響効果も利用しながら，私たちを楽しませてくれます。そうした世界には，何度も「行きたい」と思うし，いつも同じ物を見たり，聞いたりしているはずなのに，ライドに乗るたびに，気付いたり，想像することは毎回，少しずつ違うといった体験をしています。

これを国語の学習に応用して考えるならば，読んだ絵本を単にテレビ画面に映しだすだけでなく，プロジェクションマッピングのように教室空間にお話の情景を投影し，そのなかに子どもたちが入るといったICTの活用が考えられます。もちろん，世界に没入するには，従来の国語の授業でも行われてきた「劇化」でも良いかもしれません。しかし，プロジェクションマッピングの世界に入って，そこで登場人物から話しかけられたら，子どもたちは従来よりも，もっと自分事として話を聞き，その登場人物と対話しようとするのではないかと思います。

もちろん，どのような話でもプロジェクションマッピングの世界を創りだせば良いと言っているのではありません。「大きなかぶ」のように，教室の空間でも再現しやすい内容で，場面の切り替えもほとんどなく，劇化しやすい話であれば，教室にかぶを引き抜く場面を再現するほうが良いかもしれません。しかし，「スイミー」のような海の中のお話を読み深めようと思ったら，プロジェクションマッピングのほうが臨場感を生みだせると考えます。特に，スイミーは，海の中を泳いでいろいろな出会いを繰り広げていく物語ですので，投影した海の映像を動かすことで，子どもは物語の進行を実感できるようになります。

このように，プロジェクションマッピングを応用した国語の授業を展開することで，物語をより深く理解できると考えます。

3 ICT を活用した国語科の深い学び③ アフレコで「話し言葉」を広げる（聞くこと・話すこと）

1 自分の「話し言葉」をモニターする

国語の授業で「聞くこと・話すこと」を学習する場面では，一般的に「相手の話を聞くこと」と「誰かに自分の話を伝える」ことが中心になると考えます。しかし，こうした「やりとり」の裏で，実は私たちは自分の「話し方」や「表現内容」を自分の耳で聞いて，そのなかで「相手に伝わる言い方」を考えています。

一方で，知的障害のある子どものなかには，一生懸命，話しているのに，意味がよくわからない言葉を使っていて，周囲の人に理解してもらえないことがあります。ダウン症の子どもなどは，「発音」が苦手であるために，話し相手から「ごめん，もう一度，言ってくれる？」と聞き返されたりすることが多くあるでしょう。また，自閉症児は，発音は明瞭であったとしても，相手の聞かれていることとずれた話をしていて，相手に自分の伝えたいことがうまく伝わらない経験をしている子どもが多くいます。

こうした状況から抜け出すためには，自分の話をモニターする力を育てることが必要ですが，実は「自分の話し言葉」を聞く機会は，意外と少ないものです。

2　アフレコを活用して表現力を高める

そこで，ICT を活用して自分の話し言葉を第三者的に聞くような授業ができないかと考えたときに，アフレコを楽しむ活動が思いつきます。アフレコとは，音声の入っていない動画に合わせてナレーションを後から録音する活動ですが（**アフ**ター・**レコ**ーディング），筆者は知的障害のある子どもがアフレコに取り組む国語の授業を何度か見たことがあります。

その授業では，大好きなアニメの映像に音声を吹き込むと，登場人物が自分の声でしゃべってくれるので，比較的重度の知的障害のある子どもでも興味をもって話そうとしていました。そして，動画に吹き込んだ声を自分で（あるいは，みんなで）聞き返すと，気になる発音や言い方などに気付きます。場合によっては，吹き込んだ音声でわかりにくい表現をしている映像を見て，「自分だったらどんなふうに話すか？」を考えることも学習できると考えます。

ただし，発音や場面に応じた言い方ができることだけを目的にしてアフレコの授業では，自立活動（コミュニケーション）の指導になってしまいます。そのため，国語としてアフレコを実践する場合には，「話すこと」の資質・能力が高まるように学習を進めていくことが必要です。

具体的には，アフレコをする映像の内容を大まかに理解し，その文脈にふさわしい「言葉」を思い浮かべ，「言葉による表現力」を高めることが国語の目標となります。また，相手の話を聞いて，その内容をふまえた「言葉」を考えることなども重要なポイントとなります。とかく，「話し言葉」では思っていることを相手に伝えて終了となってしまいますが，ICT を活用することで，自分の言葉をモニターでき，そうしたなかで，発語の意味を理解する国語（聞くこと・話すこと）の授業を展開することができれば，深い学びにつながると考えます。

ICTを活用した国語科の深い学び④

4 ICTを活用して「思い」を書く（書くこと）

1 「書くこと」は「考えること」からはじまる

発達初期の子どもの「書くこと」の指導においては，特別支援教育に限らず，紙と鉛筆を使って文字をなぞったり，見本を見て書き写したりする指導が多くみられます。もちろん，こうした指導は決して否定されたり，批判されたりしているわけではありませんので，今後も従来からの書き取りの学習は継続されるものと思われます。

しかし，これだけで「書くこと」の指導が終了してしまったら，「書くこと」における深い学びを実現することは難しいでしょう。それは，「書くこと」は，本来，深く考えたことを何とか文字にして表現しようとする行為であり，ただ文字を書ければ良いということではないからです。

前節で「話すこと」は，どちらかと言えば，自分が話していることを客観視することが難しい領域であると述べましたが，「書くこと」はその逆だと言えます。すなわち，「書く」という行為は本人のなかで，「○○のことを書こう」と考えることから始まります。そのため，紙と鉛筆を渡せば書くことができるというものではなく，意識的に「考える」ことから始まると言っても過言ではありません。

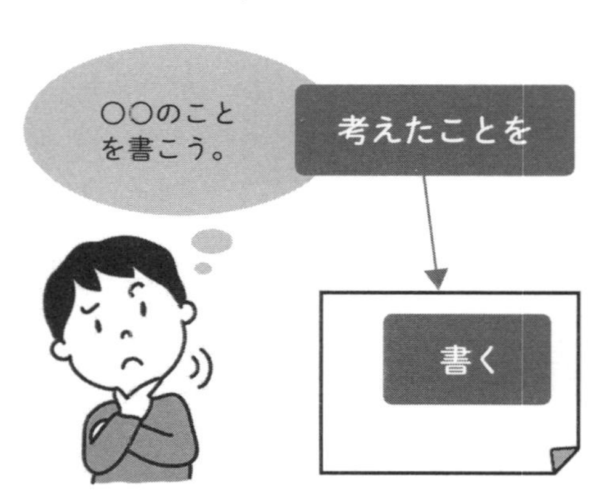

2　書くための「考え」を整理するためにICTを活用する

「書くこと」に関する指導のポイントを以上のように整理すると，書きたいことを頭のなかで整理することが重要となるのですが，こうした思考の整理は，知的障害のある子どもはとても苦手です。そのため，作文を書かせると，本人にとって思い入れのある内容だったとしても，「～をしました。楽しかったです。」といった紋切り型の表現にとどまってしまうことが多くなります。

そこで，思考を整理したり，感動したことを言葉にする際にICTを活用して，「書くこと」を深めていくことが期待されます。このとき，文字を書く労力を軽減するためにパソコンでの文字入力にするということもICT活用の一つです。また，書きたいことを黒板に先生がメモしたものをノートに書き写すときに時間がかかってしまうので，板書を写真に撮って，その子どものクラウドに写真をアップロードするなども，「読み書き」に困難を抱える子どものICTを活用した対応の一つです。

ただし，こうした「書くこと」の困難をICTが補うといった合理的配慮の提供だけでなく，国語の深い学びにつながるICTの活用も考えられます。たとえば，タブレットに思い出の写真や動画を貼り付けておけば，文字を記入していく傍らで実際に経験した出来事をすぐに思い出すことができます。また，感動した思い出を書くときに，キーワードとなる言葉をPCに入力して，文例を検索できれば，もっとも自分の気持ちに近い文章を選び，作文を構成していくことができるようになります。

このように，「書きたいこと」を頭のなかで整理して，文章を創りだしていくためにICTを活用することが，国語の深い学びにつながる実践であると考えます。

5 ICTを活用した算数科・数学科の授業づくり①
算数科・数学科の授業づくりのポイント

1 算数科・数学科の目標とICTの活用

算数科・数学科では，最終的には計算ができるようになることや，図形がわかるようになることが求められます。たとえば，計算で言えば，筆算して正確に答えを算出できるようになることが算数・数学の目標であるというイメージが強いかもしれません。しかし，算数・数学で身に付ける力は単に筆算をして，正答を導くことではなく，「論理的思考力」を育てることにあります。

それでは，ICTを活用することによって，算数科・数学科の学びはどのように変わるのでしょうか？　特別支援学校学習指導要領解説各教科等編（以下，「解説各教科等編」）では，算数科・数学科では「事象を数理的に捉えていく過程」を重視し，「考えたことの結果や判断などについての理由を明らかにして筋道立てて説明」したりすることが数学的な表現力であると記されています。そして，こうした力を身に付けると，「考えを組み立てたり，新たな事柄に気付いたりすることができるようになる」と考えられます（『解説各教科等編』p.108）。

このように，個別最適な学びの実現という視点から，知的障害のある子どもの算数科・数学科の学習でICTを活用することを考えるのであれば，算数科・数学科では計算機を使用して，答えを正確に導く支援をするというだけでは不十分です。そうではなく，授業の中で数学的な見方・考え方を働かせて，筋道を立てて（論理的に）考え，結論を導き，表現することができるようになるために，ICTを活用することが求められます。

2　算数科・数学科の学びと機器の利用

もちろん，これは，計算機の使用を否定しているのではありません。どのような答えを導きたくて，何を計算すればよいのかがわかっているなかで，計算の手間を省くために計算機という機器を利用することは，私たちの日常でもよくあることです。ただし，このように計算機を利用するのは，あくまでも計算の手間を省力化するためであり，計算が苦手な障害のある子どもにとっては「合理的配慮」の一つにすぎないと言うこともできるでしょう。

一方で，算数・数学の深い学びを実現するために計算機を使用するのであれば，計算の原理がわかるように電子機器を使用することになります。たとえば，「３＋２＝５」の計算では，「＋」のボタンを押すと，最初に入れた「３」の数字よりも大きい数字（３＋２の場合は「５」）が表示されるということに気付くなどは，数学的な見方・考え方を働かせている証拠です。一方で，「３－２」の計算のときには，「－」のボタンを押したから，答えは「３」より小さい数字が表示されたということに気付くことも大切です。

このように，計算機を使って計算の学習をすると，正確な答えを導くだけでなく，計算の仕組みを理解することもできます。これは，ある意味で数と量の関係を捉えることでもあり，数学的な記号の意味を理解することにもつながります。こうした数学的な見方・考え方を育てるために機器を利用するのであれば，算数科・数学科の学びは深まります。

6 ICTを活用した算数科・数学科の授業づくり②
ICTを活用して量の変化を捉える（数量の基礎／数と計算）

1　量の変化を見ることができる教材づくり

算数・数学の授業で多く取り上げられる学習内容は，「物の個数を数える」ことや，「物の量を測る」ことです。これまでの知的障害のある子どもに対する学習では，具体物を目の前に置き，指を差しながら「１・２・３」と数唱して数を数えていました。また，大きな物や重い物を実際に持ってみて，「大きいね」「重いね」と感じたことを表現させたり，量を数値化して比較できる子どもには，何gあるかを測定させるように指導してきました。もちろん，ICTの活用が求められる時代であっても，上記のような具体物を操作して，「実感をもって学ぶ」ことは重要です。しかし，算数科・数学科の特性から考えると，具体物を目の前に用意して展開するだけの授業を変えていくことも今後は必要であると考えます。

ここでいう，算数科・数学科の特性というものは，「比較」や「変化」を数理で捉えることです。たとえば，サッカーをしていて，自分が応援しているチームが今，何点取っていて，相手が何点取っているのかを知りたいと思ったとき，単に得点ボードを見るだけで点差がわかるのは，だいぶ学習が進んだ子どもだと思います。そうした子どもは，「最初に○○選手がPKでゴールして，その後，○○選手がミドルシュートをしてゴールしたから，こっちのチームは２得点だね」というように，時間の経過とともに得点が増えていくことをイメージしていると思います。

ただし，本物の試合を見に行くと，そうした過去のシーンは記憶のなかでしか再現することができません。そのため，テレビで観戦していたほうが試合を振り返り，VTR で何度も得点シーンを映像で見られるから，得点経過や点差についても理解しやすいかもしれません。

　このように，子どもが見た動画を基にして，数を数える課題は，これまでの知的障害のある子どもの算数科・数学科の授業でもありました。この学習の意味を整理すると，タブレットを使ったほうが興味をもつからではなく，数が増えていく様子を動画で見るほうが計数を深く理解できるから ICT の活用が有効であると言えると考えます。

2　画面をタッチしながら数える力を身に付ける

　上記のように，算数科・数学科の学びの本質を捉えると，「数が変化していく動画を見る」ということだけで計数の力が身に付くわけではありません。そうではなく，計数の力が身に付く過程では，「指差し」をして，一つひとつ物と指が対応することや，「数唱」が言えるようになるなど，いくつか獲得しなければならない力があります。

　これまでの知的障害のある子どもの教育では，こうした計数の力を身に付けるために，具体物を用意し，目の前で操作活動を繰り返すことによって，数の原理を理解させようとしていました。たとえば，にわとりの模型を作って，朝になると，卵が３～４つ産み落とされるといった場面を見せて，「今日，にわとりは何個卵を産んだかな？」というように数を数える学習をしてきました。

　もちろん，今後もこうした具体的な場面を設定し，子どもが興味をもつ教具を作成し，計数の力を身に付けていくことは必要です。その一方で，指差しをして１対１対応の力をつけたり，数唱ができるようになる学習のなかに情報機器を活用することがあってもよいでしょう。

たとえば，タブレットのタッチパネルの機能を利用して，指を差して，画面をタッチした物は表示が薄くなり，一度押した物はもう一度押してもカウントできないようにするというように授業を進めたとします。このとき，一度数えた物（指でタッチした物）を再度押すと，「ブブ」という音が鳴るようにすれば，「同じ物を２度押してはいけない（＝数えてはいけない）」ことがわかります。このように情報機器をうまく設定すると，数を数えるときの「１対１対応」の意味が理解しやすくなります。

一方で，〇や□の無機質な物を数えることで，数えることに特化して学習することができますが，こうした学習では，子どもは，つまらないと感じる可能性もあります。そこで，お皿にあるりんごをタッチして，そのままそのりんごをキャラクターの口のところに移動させ，パクっとりんごを食べる画面で計数を学ぶように工夫したら，子どもは興味をもってタブレット上のりんごを操作すると思います。こうしたICTを活用した教材を使って，四則演算（食べるシーンなら，数が減っていくので引き算）が理解できるようになることが期待できます。

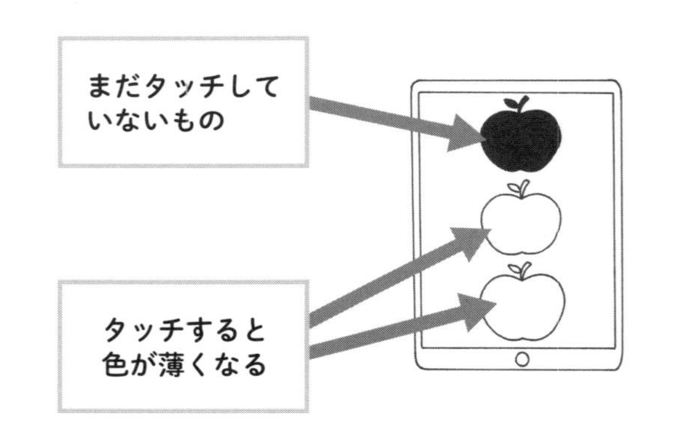

このようにタブレットを有効活用すると，数の原理を学ぶことができます。特に，知的障害のある子どもに対しては，動画でストーリーを見せた上で，タブレットを使って操作することで算数科・数学科の深い学びにつながる授業を展開することができると考えます。

3　抽象化するプロセスをICTで「見える化」する

算数科・数学科の特徴の一つであり，知的障害のある子どもが苦手なことの一つに「抽象化」があります。たとえば，計数の学習でいえば，「りんご」が「１個・２個」と数える過程で，「りんご（という具体物）」が「○」に置き換わり，○の個数が「１個・２個」というように変換されていくように指導することが重要となります。

これまでの算数科・数学科の学習においても，具体物のりんごをイラストに描き，そのイラストの上から赤い丸の画用紙を覆いかぶせて，リンゴが抽象的な「○」に置き換わって見えるように工夫して指導してきました。ICTが普及した現代においては，こうした学習プロセスの一部をタブレット上で見せることで，より「抽象化」して算数科・数学科を捉えることができるようになると考えます。

もちろん，りんごを○で覆いかぶせただけで抽象化してものを見たり，考えたりすることができるようになるわけではありません。現実世界では，りんごの上に丸の画用紙を置くことくらいしかできませんが，ICTをうまく活用すれば，「りんご」を少しずつぼかして○に近づけていくように見せることも可能です。

このように，ICTを活用した学びは，２次元の世界ではありますが，抽象化の過程を「見る」ことができるように工夫すると，算数科・数学科の深い学びにつながります。

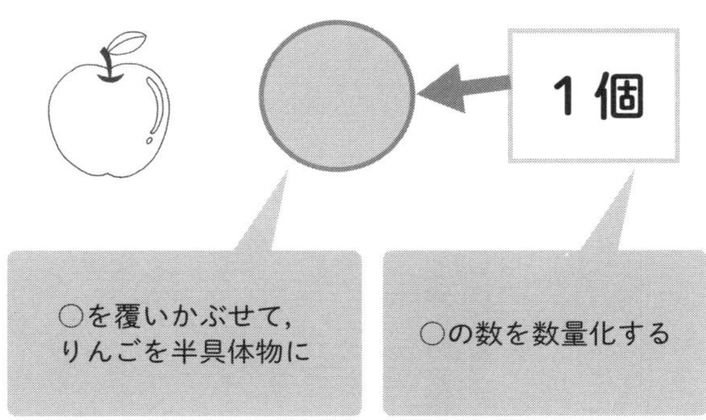

7

ICT を活用した算数科・数学科の授業づくり③

ICT を活用して「かたち」を多角的に見つめる（図形）

1　視覚的に考える図形の授業づくり

前節で解説した「計数」の学習では，手続き（順序）をふまえて，数えていくことが求められる分野であるのに対して，「図形」の学習はどちらかと言えば「ぱっと見て」考え，判断する内容が多い分野であると言えます。ICT を活用して深い学びに導いていくことを考えるときには，どちらかと言えば，こうした視覚的な学びが中心の分野のほうが有効であると考えます。

たとえば，三角形と四角形を区別して理解するときに，辺や角の数を意識させる授業を行うことがあります。これまでの授業では，机の上に３本の直線と４本の直線を置いてきました。「線を結び付けて三角形・四角形を作ってください」という課題を出したとします。そのため，「線の先と先をくっつけてください」とか，「線はまっすぐ伸ばして形を作ってください」など，図形を学習するために必要な視点（見方・考え方の基本）を教師が子どもに伝え，机上で操作活動しながら，学んできました。

しかし，そうした指導があっても，夢中になって形を作ってみると，必ずしも，教師の指示通り

に活動できずに線が途中でクロスしてしまったり，不器用なために，線の先と先が合致しない形になってしまうことも多く見受けられました。もちろん，こうした学習のつまずきに対して，教師が授業中に個別に指導して図形の見方・考え方を働かせることは重要です。

2 ぴったり感が算数科・数学科の学びを深める

一方で，ICT を活用して学びを深めるという視点から上記の授業を改善するとしたら，どうなるでしょうか。たとえば，線と線をつないで三角形や四角形を作る学習を，ICT を工夫して行うとしたら，線は端にふれないと結び付かないようにしたり，３本または４本の線がつながると囲われた領域のなかの色が変わるなど，子ども自身が「かたち」を意識できるように工夫することが可能です。

また，自分で作った三角形や四角形が同じ形であるかどうかを確かめるために，画面上でその形を移動させて，重ね合わせてみることもデジタルの世界では比較的容易にできます。以上のような，「ぴったり一致する（ように見える）」という点は，「図形の本質」であると言えます。そもそも，三角形や四角形を構成している直線や角も，現実世界に存在しているものは，真の意味では「まっすぐ」ではなく，また，正三角形と言われている物体も，一つの角が正確に60度であるかどうかはわかりません。しかし，これがデジタル上の三角形や四角形なら，正確な直線を引くことができ，正確に正三角形を作ることができます。

これは，デジタル上で学んだほうが，同じ長さの直線や，一角が同じ角度の図形を重ね合わせて「ぴったり」と一致することを実感できるという意味でもあります。現実の空間において，具体物で操作をしながら考えるという学びの価値もありますが，図形に関しては，こうした理由からデジタルの学びのほうがわかりやすいと考えます。

3 図形をみんなで多角的に見て，考える

ただし，先述のような算数科・数学科の授業を展開すると，子どもが一人でタブレットを操作しながら図形の特徴について学び，教師がわからないところを教えるといった個別指導型の学習になってしまう可能性があります。もちろん，タブレットを使って一人で学ぶ時間があってもよいのですが，こうした学習のなかに協働的に学ぶことを加えることはできるでしょうか。

こうした実践課題を考えるにあたり，算数科・数学科の内容と方法を区別して整理することが必要です。たとえば，タブレットを用いて一人で学ぶ前に，タブレットを電子黒板につないで映しだし，みんなで形を動かしながら，三角形や四角形の学習をすることは可能です。場合によっては，「〇〇さんは形をこんなふうに動かしてみたけど，〇〇さんは違う動かし方をしていたね」というように，形の捉え方をみんなで共有しながら進めていく授業もできるでしょう。

さらに，図形を使って表現する授業へと発展させることができれば，協働的に学ぶ図形の授業は発展していきます。筆者がこれまで参観した知的障害のある子どもの図形の授業では，タブレットを使って，三角形や四角形を組み合わせて，お気に入りの家を描いていました。また，お弁当屋さんになったつもりで，三角形のおにぎりや，四角形の揚げ物を，四角形の容器に入れてみようという授業もありました。

このように，図形の本質（内容）を実感できるように，ICT を活用するけれども，その学び方（方法）は友達と協働的に進めていくことはできます。

特に，決まった答えがある内容ではなく，最終的には個々の表現にゆだねていく内容のときには，子どもたちが考えた「かたち（の配列）」を紹介して，こんな形の組み合わせもあるということを共有していく授業が展開できるでしょう。

また，算数科・数学科の授業では，みんなで「かたちの不思議」について考えてみるというように展開しても，協働的な学びを実現できます。たとえば，（比較的軽度の知的障害のある子どもに対して）タブレットで「立体」を回転させていろいろな角度から見てみようという学習を行ったとします。このような学習は，一人で進めると，視点を切り替えることが難しいので，どう考えたらよいかわからなくなり，独力では打開できないこともあります。そうしたときに，友達がタブレット上の図形を回転させてみるなど，試行錯誤をしている様子を見た子どもが「視点を切り替える」ことに気付き，新しい見方・考え方を働かせることが期待できます。

以上のように，机上で学ぶよりも，タブレットで図形を操作しながら学んだほうが，図形の本質を深く理解できることもあります。こうした学びを展開していくことが，ICT を活用した算数科・数学科の授業づくりで求められています。

8 ICT を活用した算数科・数学科の授業づくり④ ICT を活用したデータの意味を考える（データの活用）

1　データは抽象化された数学的表現である

算数科・数学科の授業で ICT を最も活用できる領域は「データの活用」であると考えます。もともと，データはコンピューターなどを用いて情報を処理したものですので，「データの活用」の力を伸ばしていくということは，ICT を利用した情報処理能力を高めることにつながります。

具体的には，Excel などの表計算ソフトを使用して，量と重さの関係を一覧にしたり，仕入れ値と販売価格の関係を表にして整理するなどが考えられます。こうした見方・考え方が働くようになると，民間企業に就労したいと考えている比較的軽度の知的障害のある子どもは，作業学習や職場実習でも役に立つ力となると考えられます。

ただし，だからといって，表計算ソフトの使い方を教えることや，グラフを作成できることそのものは，算数科・数学科の直接的な内容ではありません。むしろ，こうした実務的な能力を育成するのは，職業・家庭科の時間にする必要があります。そうではなく，算数科・数学科の時間には，グラフが何を意味しているのかを読み取り，「自分でどのような表やグラフを作れば知りたい情報をまとめて表現できるのか」ということを考える力を身に付けていくことが重要だと考えます。

たとえば，作業製品を定期的に売り出している場合，毎回の販売個数を数字で確認するだけでなく，1回あたりどのくらいの個数が売れているのか（平均販売個数）を把握するために，次のように5回の販売個数を表とグラフで表記したとします。

	5月○日	7月○日	10月○日	12月○日	1月○日	
製品A	12	15	10	8	17	単位：～個
製品B	4	6	5	7	5	単位：～個

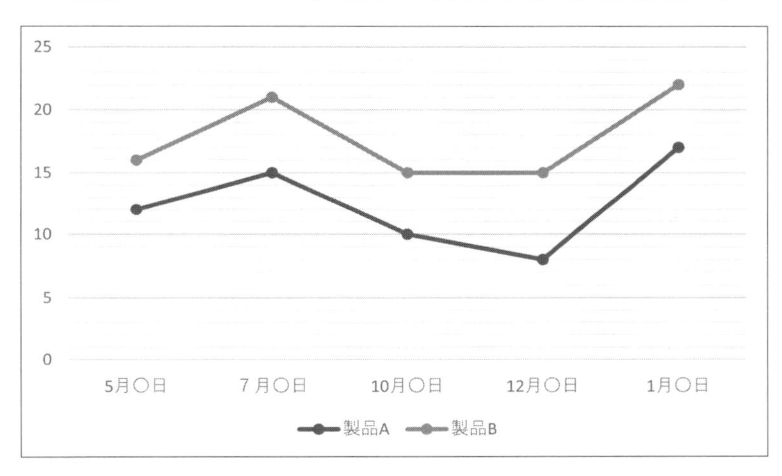

この学習で大切なことは，示された表やグラフが「販売個数」を表していて，各回において売れたり，売れなかったりした傾向を生徒が読み取れるかどうかという点です。算数科・数学科の本質から考えると，データは抽象化された数学的表現であるので，データの裏にある実態をイメージできるようになることが重要となります。

2　データを読み解くための協働的な学びの重要性

このように考えると，データの活用に関しては，ここまで説明してきた「数と計算」あるいは「図形」とは異なるプロセスで学びを深めていくことが必要であるかもしれません。

たとえば，目の前で売れた作業製品の個数をその場でExcelにデータ入力し，棒グラフにして示すことで，どのくらい売れたのかを考えることが学習課題となります。解説各教科等編でも，「身の回りにあるデータを簡単な記号に置き換えて表し，比較して読み取ること」と示されていますので（『解説各教科等編』p.133），算数科・数学科における「データの活用」は，単にデータ化して示すだけではなく，事象を読み解くことが求められます。

具体的には，（前後の販売のときと比べて）12月は売れた数が減っているとか，1年間で平均するといくつくらい売れているのか，売れるときと売れないときは何個くらいの差があるのかなどをグラフから読み取り，どのように在庫を維持したらよいかをみんなで話し合う学習が考えられます。このように，「数と計算」や「図形」の学習では，目の前で具体的に活動しているものをデジタル化した教材に置き換えたほうが深い学びとなるでしょう。

3 「データを使いこなす」資質・能力を育てる

一方で，表やグラフを見て，その裏にある実態をイメージすることが難しい子どもに，販売個数が増えるとグラフが増えていくという数量関係が理解できることを目標にすることもあります。そうした子どもは，一つ売れたら黒板にシールを一つ貼って，だんだんとシールの数が増えていくことを実感するといった従来の学びのほうがわかりやすい場合もあります。

そうしたなかで，ICT を活用して数量関係を学ぶのであれば，売れた個数を Excel シートに入力すると，棒グラフが伸びていき，そこから数の多い・少ないを考えるという学習ができます。こうした学びこそ，データを

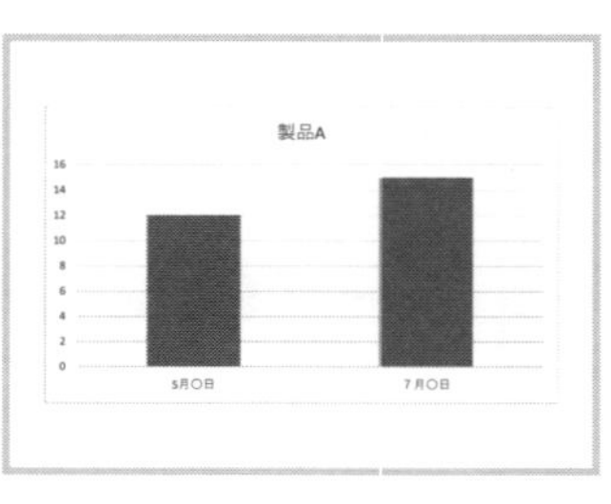

読み取る基礎的な力を身に付けることにつながるのだと考えます。

ここまで見てきたように，データの活用に関する学習でICTを活用する場合には，生活のなかに生じている事象を数量化し，それをデータ入力することでグラフにして表し，事象の意味を読み解くことが課題となります。そして，こうした学習では，教師は単にExcelシートを作って子どもに入力させればよいのではなく，グラフの種類をどうするかとか，事象をどこで切り取るかといった点に注目させることが必要となります。

すなわち，「販売日ごとの２種類の製品の売り上げ個数の変化」をみんなで考えたり，「その日の売り上げ個数が前回とどのくらい増えているのか」を考えるときにはグラフのどこに注目すればよいかをみんなで考えるなどが，データの活用における「協働的な学び」になります。こうした学びを展開するときに，デジタル化されたグラフであれば，グラフの種類を変えてみたり，棒グラフの棒を画面上で重ねてみたりすることも可能になります。

このように，単にグラフを作って見せるだけであれば，ICTを活用しなくても学べることですが，学ばせたいことを意識して，画面上でグラフを改変していくことなどは，ICTを活用するからこそできる算数科・数学科の学びであると考えます。

9 ICT を活用した音楽科の深い学び①
音楽科の授業づくりのポイント

1 音楽科の授業が目指すこと

特別支援学校の音楽科の目標は，「表現及び鑑賞の活動を通して，音楽的な見方・考え方を働かせ，生活の中の音や音楽に興味や関心をもって関わる資質・能力」を育成することです。具体的には，「曲名や曲想と音楽のつくりについて気付く」ことや，「感じたことを音楽表現するために必要な技能を身に付ける」こと，「音や音楽の楽しさを味わって聴く」ことや，「音や音楽に楽しく関わり，協働して音楽活動をする楽しさを感じる」ことが目的となっています（『解説各教科等編』pp.141-142）。

こうした目的を達成するために，音楽科の授業では，音を実際に感じて本物を味わうことが大切であることは間違いありません。しかし，その一方でICT を活用するからこそ，豊かな音楽表現が可能になることもあります。特に，知的障害のある子どもは，一つひとつの音を注意深く聴くことや自分の楽器と友達の楽器を聴き比べたりすることはあまり得意でないことも多いので，ICT の活用により，新しい音の感じ方ができるのであれば，音楽科の学びを深めていくことにつながると考えます。

2 「鑑賞」および「表現」の指導と ICT の活用

それでは，音楽の授業において，どのようにICT を活用すると，音楽を深く学ぶことにつながるのでしょうか。

たとえば，「鑑賞」では，好きな音色や楽器の音を見つけたり，音楽を形づくっている要素に気付いたりすることが課題となりますが，このとき共有フォルダに動画データや音源を保存しておけば，タブレット端末を用いて子どもたちは何度でも鑑賞することができます。つまり，ICT を活用すると聴きたいところを何度でも繰り返し聴くことができ，そのうちに自分の好きな楽器以外の音や，リズムや旋律の特徴に意識が向くかもしれません。

また，「表現」の学習でも，ICT を活用することで学びを深めていくことができます。たとえば，教師がお手本動画を YouTube 上にアップロードしておき，それを見ながら演奏の練習をするなどが考えられます。こうすることにより，教師は子どもの前で歌って見せる指導を減らすことができ，個々の子どもを指導する時間を増やすことができるようになります。

また，自分たちの演奏をカメラやボイスメモで記録すれば，自分たちがどのような音を奏でていたのかを確認することができます。自分たちの演奏を動画で繰り返し視聴することで，何となく「演奏できている」と感じていたものが，「ここはうまく弾けたけど，ここは音がずれていた」など，客観的に演奏を自己評価することができるようになります。

このほか，音楽科の授業では，メトロノームのアプリを使って練習の際にテンポをキープしたり，小・中学校の教科書に掲載されている QR コードから奏法を学ぶなどのように，さまざまな場面で ICT を利用しています。場合によっては，

高性能のヘッドホンや VR 対応のヘッドセットを使って，音を鮮明に聴いたり，学校にいながらホールで鑑賞しているような臨場感を味わうことも ICT の活用と言えます。こうした学びの機会を増やすことで，知的障害のある子どもでも，音楽をより深く理解することができるようになります。

10 ICTを活用した音楽科の深い学び②
ICTを活用した「音あそび」の取り組み（器楽）

1 楽譜が読めなくても音楽に参加できる

特別支援学校の音楽科の授業では，ICTの活用に注目が集まる前から，歌詞をテレビモニターに表示して，障害のある子どもが歌っているところがわかるように工夫をしていました。近年では，画面に表示されている歌詞と伴奏が同期するようにして，教師が歌詞を手で指し示さなくても，どこを歌っているのかがわかるように工夫している授業もみられます。

器楽の授業でも，打楽器の楽譜をタブレット上に示し，どのタイミングでたたけばよいかがわかるよう指導することがあります。重度の知的障害児に対しても，たとえば鈴やタンバリンを鳴らすときに画面で楽器を演奏している映像を見せて，その映像が流れているときは子どもたちが音を出している時間であることを伝えるなど，ICTをさまざまな場面で利用してきました。

このように，楽譜を読むことが苦手な知的障害のある子どもでも，周りの人と一緒に歌ったり，演奏することができるようにICTを活用することがあります。ただし，こうした工夫は知的障害があるから行っていることであり，教科の深い学びにつながる工夫という

よりも，障害による困難を補う合理的配慮の一つであると考えられます。

2 ICT を活用し各パートを合成する

それでは，音楽科の深い学びにつながるように，ICT を活用するにはどのような方法があるのでしょうか。たとえば，器楽の演奏（表現）では，複数の子どもが自分の楽器を持って合奏の練習をして，最後にみんなの前で発表するというような，「一斉に音を奏でる」ことが中心でした。こうした演奏（表現）活動をさらに発展させるために，ICT を活用するとしたら，４人の演奏を一人ずつ録音し，それを合成して合奏にすることが考えられます[1)]。

こうした収録をすることで，自分の演奏を細かく何度でも確認することができます。また，収録のときにうまく演奏できなかったら，撮（録）り直すこともできるというのが ICT を活用する良さの一つでもあります。とかく，みんなで一斉に楽器を鳴らす合奏だけをしていると，自分の音が全体の中に埋没し，「何となくうまく弾けている気がする」という状態に陥ることもあります。そうすると，自分の音をよく聴くことなく合奏が進んでいきますが，ICT を活用して分奏し，それを録画・録音すると自分の演奏に注意を向けることができるようになります。

実際の授業では，「バンドを組んで演奏をしよう」という単元名で，演奏してみたい楽器を生徒が選び，合奏するなどが考えられます。この授業では，最終的には，バンド演奏を発表会で披露することを目指して練習していきますが，その過程で上記に示したような複数人の演奏を別々に録音することもできるでしょう。

それぞれの子どもの演奏を収録したものをパソコン上で合成する過程では，部分的に特定の楽器の音を強調したり，エフェクトを加えたりするなどのアレンジもできます。このように ICT を活用すると，「自分の演奏について細部にわたってこだわる」ことができ，これが「音楽的な見方・考え方」を働かせることにつながります。

3　ICT の音源をベースにして演奏する

器楽の分野で演奏（表現）するときに，ICT を活用する方法はほかにも考えられます。たとえば，ICT 機器を用いてベースとなる音源を流し，その上で生徒が楽器を鳴らして，演奏することができます。これは，電子オルガンを使って一人でバンド演奏をすることに近いかたちです。

このかたちで演奏できるようにすると，曲目と楽器を選択することで，知的障害のある子どもでも合奏に参加できる場面が増えます。たとえば，ICT を使って『ラデツキー行進曲』のような BPM100-120程のマーチに合わせて，子どもが太鼓やタンバリン，カスタネットなどを用いて，タイミングの良いリズムでたたくことなどが考えられます。このとき，どの楽器を鳴らしたいかを自分で選択し，小さくたたくのか，大きくたたくのかなど，曲想に合わせて演奏するように指導することで，音楽科における「思考力」や「判断力」の育成につながります。

さらに，自分で選んだ曲にぴったりと合う楽器や音の出し方を考えたり，話し合ったりすることも，音楽科では大切な学びです。具体的には，子どもが「○○の楽器を使ってみよう」と考え，試しに出した音を録音し，それを一つずつ聴いたり，データを合わせて重ねて聴いてみたりして，みんなで聴き比べながら，試行錯誤していくという ICT の使い方が考えられます。

このように，自分で選んだ楽器を使って，どんなふうに音を出したらよいかを考える学習は，器楽でもあり，創作活動でもあると言えます。

4 器楽の演奏と音楽づくりを組み合わせた授業

ただし，「曲に合わせて楽器を演奏する」という器楽の学びなのか，「いろいろな音を組み合わせて曲を作る」という創作活動なのかという点を明確に区別することは難しいことです。

特に，小学部児童の「音あそび」のような活動では，子どもは楽譜にそって演奏するというよりも，音を出すことで音の面白さに気付くことが中心になりますので，楽器の音を出しながら，創作活動をしていると考えられます[2)]。こうした学習の場面でICTを活用して，大太鼓と小太鼓のどちらの楽器が良いかを選んでもらったり，いくつかの楽器を一度に出してみたりして，音あそびを楽しむこともできます。

このように，ICTを有効に活用すると，微妙な音の変化を創りだしたり，手に持てないくらいの楽器を一度に操作したりすることができます。音楽科の授業では，一人ひとりが好みと感性に合った演奏（表現）をすることが大切ですが，ICTの活用により，こうした演奏を子どもたちが実現できるようになることが重要であると考えます。そして，聴き合い，他者から刺激を受けながら，みんなで創作活動に取り組むことで，協働的な学びが深まり，新たな音や音楽を創りだしていくことが，音楽科では大切であると考えます。

1）４人までのアンサンブルを１パートずつ録画できるアプリにAcapella（Mixcord Inc.）があります。
2）GarageBand（Apple）というアプリは（Macにはプリインストール），DRUMSのビートシーケンサーやSmart Drums機能を使うと，６～８種類の楽器を自由にタップしてオリジナルのビートを作る「音あそび」として使ったり，既存曲の曲想に合うビートを創作したりすることができます。１からビートを作ることが難しい場合は，サンプルのビートや音色，速度を変化させるなど，指導の個別化を図れます。

11 ICTを活用した音楽科の深い学び③ 作曲アプリを活用した「音楽づくり」の取り組み（創作／作曲）

1 音楽づくりの活動を楽しむ授業

音楽科の学習には，歌ったり，楽器を弾いたりするだけでなく，「音楽づくり」を楽しむ活動が含まれています。これは，「作曲を楽しむ」ことであり，知的障害のある子どもには少し難しい課題のようにも感じます。しかし，解説各教科等編（小学部２段階）では，「音楽づくり」の学習について以下のように記載されています。

> 音楽づくりについての知識や技能を得たり生かしたりしながら，（中略）
> ㋐　音遊びを通して，音の面白さに気付くこと。
> ㋑　音や音楽で表現することについて思いをもつこと。
> （『解説各教科等編』p.155）

この点をふまえると，知的障害のある子どもに求める音楽づくりは，まったく何もない五線紙の上に，新しい曲を書きだしていくということではなく，作曲することが楽しいと感じ，その面白さを味わうことであると考えます。

それでは，こうした音楽づくりの学習にICTを取り入れるとどうなるでしょうか。近年，タブレットが普及し，１人１台端末を所有することができるようになりましたので，タブレットに曲づくりができるアプリをインストールして，それぞれの子どもの感性に従い，楽しい音楽を創りだすことができるようになりました。

2　楽譜をビジュアル化したアプリを利用して作曲する

知的障害のある子ども（あるいは，音楽の初学者）が作曲をする際に壁になるのが，楽譜を読んだり，書いたりすることが難しいという点です。譜面に音符を書き記すことができないというだけでなく，音符を譜面に書くことができたとしても，それがどのような曲になるのか容易に想像できないと，作曲の面白さは半減します。

この壁を乗り越えるために，曲づくりができるアプリが以下のように開発されています。このアプリは，タブレット上に表示された白枠をタッチして，色を付けると，それが作曲した楽譜の役割を果たし，あとはスタートボタンを押すだけで，曲になって音楽が流れます[1)]。

実際の授業では，知っている曲を書き写すように白枠をタッチして，リズムやメロディを再生するところから始めます。そうすると，知的障害のある子どもでも，「自分がタッチしたところの音が出て，曲が流れる」ということがわかるようになります。この操作に慣れてくると，２つのタブレットでそれぞれ作った音楽をつなげて楽しむような音楽の授業を展開することもできます。

続いて，タブレットの白枠をタッチした通りに曲が流れるということがわ

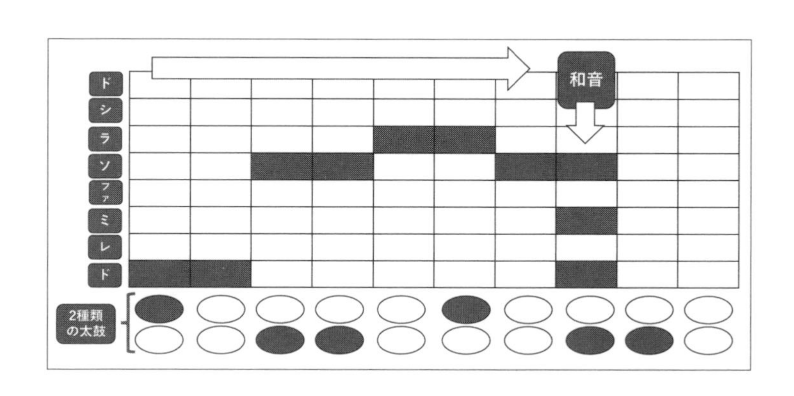

かってきたら，いよいよ自分の作ってみたい曲（思い）を表現していきます。このときも，いろいろな音を組み合わせて，音（単音）を重ねて，どんな和音の響きがするかを楽しむところから始め，最終的には一つの曲を作曲をする活動へと発展させていくと良いでしょう。

3 「型」を使って，音楽づくりを楽しむ

ただし，作曲のアプリを使えるようになったとしても，やはり知的障害のある子どもが思い描いている音楽をタブレット上の白枠を的確に押して作曲していくことは容易なことではありません。この点を乗り越えるために，長（短）音階上の３和音を伴奏として作曲することが考えられます。このような作曲は，必ずしもICTを活用するという発想をもたなくても，ちょっとしたキーボードがあれば，これまでも実現可能であったかもしれません。しかし，基本コードだけでなく，歌詞や楽器など，いろいろな要素を組み合わせて作曲しようとすると複雑になります。

実は，ラップの作り方は，上記のようなエッセンスを組み合わせたものであると考えられます。たとえば，タブレットの画面上に以下のようにリズムと言葉を選択できる項目を用意し，それを自由に組み合わせることでラップ

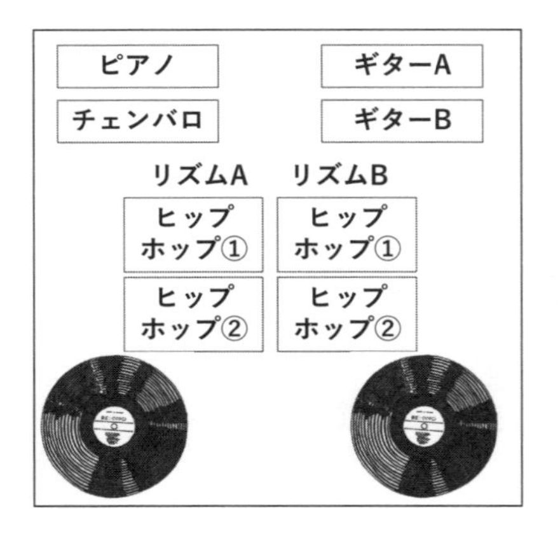

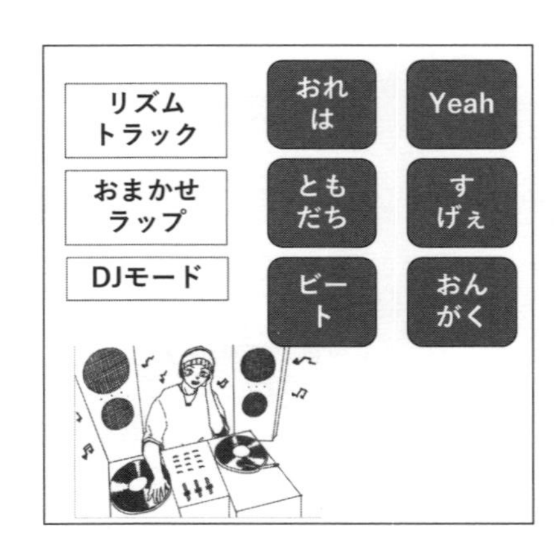

を作ることができます[2]。こうしたアプリを活用すると，旋律を作りながら，パーカッションのリズムを加えたり，音色や速度，音域などを変化させたりして楽しむこともできます。さながらDJのように，自分が作った曲をみんなの前で披露することもできます。

4 「偶然性」を利用した音楽の創造

このように，作曲を楽しむということは，音楽がこれまでに蓄積してきた「基本形」を活用しながらも，自分の「思い」をその上に表現していくことであると言えます。このプロセスには，たまたまその音を出したら自分の感性と合致したとか，試しにこの楽器の音を出してみたらとても気に入ったというように，偶然性を利用して創作することも含まれます。

こうした作曲の方法は，「現代音楽」に通底するものであると考えると，音楽の本質とつながるものだと言えます。すなわち，音楽科の授業で求められる「音楽的な見方・考え方」を働かせる授業づくりとは，決して音楽理論のすべてを習得しなければ表現できないと考えるのではなく，ICT（あるいはアプリ）に支えてもらいながら，ほんの一部であっても自分の「思い」を音楽で表現することであり，それは音楽表現の一つであると評価できます。

以上のように，知的障害のある子どもだから平易で，なじみのある曲を取り扱わないといけないのではなく，授業づくりにICTを取り入れて新しい視点から，音楽科の表現や鑑賞の学習を展開していくことが重要です。現代音楽がそうであるように，偶然性をも利用しながら新しい音楽表現を切り拓き，音楽の本質にふれながら曲づくりを楽しむことができたなら，それが音楽科の深い学びであると考えます。

1）Chrome Music Lab に Song Maker というアプリがあります。これは五線を使わずに，タブレットをタッチするだけでリズムやメロディの作曲ができます。
2）「ラップムシ」「リズムシ」（Tsubasa Naruse）というアプリを参照。

ICT を活用した図画工作科・美術科の授業づくり①

12 図画工作科・美術科の授業づくりのポイント

1 図画工作科・美術科の特徴と深い学び

図画工作科・美術科（以下，美術科とする）は，音楽科と同様に芸術に関する教科であり，鑑賞と表現を組み合わせて学ぶことに特徴があります。しかし，音楽科が時間の経過のなかで音が組み合わさり，音がさまざまに融合されていくことが本質的な魅力である一方で，美術科は空間の美しさを味わい，表現する科目です。

このように，音楽科と美術科は，同じ芸術系教科ではありますが，その本質は異なります。そのため，ICT を活用して個別最適化された学びを展開していこうとするときにも，音楽科とは異なる点が多くあります。

たとえば，音楽科では，時間の経過とともに楽譜に記されている音符の通り音を出してくれるアプリが開発されています。また，いくつかの楽器を同時に鳴らして音の組み合わせを楽しんだり，和音を作ってきれいな音を見つけるようなことも，ICT を活用することでできるようになっています。

その一方で，美術科の特徴は，こうした時間の流れのなかに音を出して楽しむことを求めるのではなく，空間のなかに美しいものを表現し，それを鑑賞することであると言えます。こうした点が美術科の本質（魅力）だとしたら，空間を自分の表現で埋め尽くし，それを十分に堪能することができるように ICT を活用することが，美術科における深い学びであると考えます。

2　ICTを活用した美術科の授業づくり

それでは，ICTを活用した美術科の授業は，どのように展開されるのでしょうか。

たとえば，絵画など，美術で制作した物は，額に入れて壁に掲示することが多いと思われますが，ICTを活用すると，作品をデジタル写真にして，テレビモニターに映しだすこともできます。また，絵画などの絵をデジタル写真として収録する場合には，写真を撮った後，デジタル上でフレームを選んだり，背景の色を選択したりすることもできます。さらに，お気に入りのデジタル写真を作ったら，それを何枚か集めて，デジタルフォトブックを作ることもできます。このときには，自動的にゆっくりめくられていくように，スライドショーにしたり，その背景に音楽を加えたりして，フォトブックのテーマに合わせた表現を加えていくこともできるでしょう。

もちろん，美術科で制作したすべての作品を電子化すればよいのではなく，あくまでも，電子化することで子どもたちの表現活動の幅が広がったり，発表する機会を多くすることができるといったメリットがある場合に行うものだと考えます。具体的なデジタル化のメリットとしては，作品を持ち運ぶことなく，どこの場所でも子どもたちの作品を閲覧してもらえる点です。こうしたICTの活用によって，美術科の深い学びを展開していくことが可能となると考えます。

13

ICT を活用した図画工作科・美術科の授業づくり②

オリジナル水族館を作ろう（表現）

1　校外学習の感動をプレイルームに再現する

美術科で子どもたちが豊かに表現するときには，必ず表現したいものが心のなかにあります。たとえば，校外学習で行った水族館がとても楽しくて，子どものなかにあふれ出るくらいの感動があるときには，子どもはそれを何かのかたちで表現しようとします。知的障害のある子どもは感動した思い出が鮮明なうちに表現したほうがよいので，特別支援学校では，校外学習に行った後に「オリジナル水族館を作ろう」などの単元を組み，学びを連続できるようにカリキュラムを調整することが多いと思われます。

筆者が参観した授業でも，水族館に遠足に行った後，小学部の子どもたちが水族館で見た，お気に入りの魚を大きな模造紙に書き，それを水彩絵の具で色を付けて，部屋いっぱいに魚を掲示するといった活動を行っていました。このとき，単に子どもたちが描いた作品を壁に掲示するだけでなく，プレイルームに水族館を再現するかのように，子どもたちの作品を展示することにしました。

具体的には，大きな「さめ」を模造紙いっぱいに描いた子どもの作品を天井から吊るしたりして，プレイルームいっぱいに作品を展示した授業を見たことがあります。このように展示をすると，制作した子どもたちも，まるで自分たちで作った水族館に入ったような感じになっていました。そして，感動した水族館の思い出を表現した作品を自分たちで鑑賞し，再び感動を味わっているというように，鑑賞と表現がループする授業となっていました。

2 ICTを活用してプレイルームの水族館を演出する

この取り組みをさらに発展させるとしたら，子どもたちが描いた作品が，まるで水槽の中で泳いでいるかのように，ICTを使って演出することができます。たとえば，子どもたちが描いた魚が水のなかを泳いでいるように見せる演出として，プロジェクターから水色の光を壁に投射し，それを揺らすようにに映しだすことで，波が揺れているように見せることができます。

また，「くらげ」を描いた子どもの作品は，段ボールに黒の画用紙を貼り付け，暗い箱を作って，そのなかにブラックライトで照らすようにして，「くらげ」の絵を見せることもできます。こうした展示のしかたは，水族館でもよく行われているものですので，特別，専門知識が必要なことではありませんが，光をうまく使うことで，空間を最大限，演出することができ，美術科の学びを深めることにつながると考えます。

このほかに，スズランテープなどで海のなかの生物や植物を作ったら，風を送ったり，止めたりするように設定し，それを揺らしてみたりすることもできます。また，波の音を出して，海の雰囲気を演出したりすることも可能です。

このように，風や音を自動設定するなどして，プレイルームの水族館を演出する方法は，ICT活用の一つの方法です。ここで大切なことは，美術科の授業で制作したもの（表現）を感性がさらに揺さぶられるように展示するためにICTを有効に活用するということです。そして，そうした展示や演出にふれて感動し，さらに表現したいと思えるようにICTを活用することが美術科の見方・考え方を働かせることであり，深い学びにつながる実践であると考えます。

14

ICT を活用した図画工作科・美術科の授業づくり③

デジタルアートを楽しもう（鑑賞／表現）

1 学校の「ゆるキャラ」を開発する美術科の授業

美術科では，「タブレットを用いてデジタルアートを楽しむ」など，ダイレクトに ICT を活用する授業もみられます。たとえば，学校の周年行事に合わせて，美術科の時間に学校の「ゆるキャラ」を作ることを生徒に呼びかけ，進めた授業では，生徒が描画したキャラクターをタブレットに取り込み，そこに色を付けていく学習をした学校がありました[1)]。

この学校では，生徒にいろいろな色を試しに塗ってほしいという理由から，コピーした白黒の図版に水彩画やクレヨンで色を塗るのではなく，タブレットで塗りたい領域をタッチするだけで色を付けられるようにしました。このとき，タブレットでは，ペイントが可能なアプリを利用していたので，生徒は，具体的に何色なのか，色の名前を言うことが難しい生徒でもかなり細かく色を選択することができました。

もちろん，この授業で大切なことは，学校の「ゆるキャラ」を何色に塗るとよいのかを考えることです。そのため，タブレットをタッチすればその領域に色が付くという操作性の高い設定をすればよいのではなく，どんなゆるキャラを作りたいかを考えることに多くの時間を割くことが重要です。そのため，この授業では，全国の「ゆるキャラ」をインターネットで調べたり，そこに登場しているゆるキャラはどんな色が使われているのかをみんなでたくさん話し合っていました。こうした，作品をイメージする場面にも ICT が活用されていました。

2　美術科の深い学びにつながるICTの活用

タブレットを使って着色をする美術科の授業では，ICTを活用した表現方法がいろいろと試せます。たとえば，同じ色でも，濃い色と薄い色があるということ（色のグラデーション）を学ぶのには，パソコン上で作成したグラデーションのほうがきれいに提示できます。もちろん，こうしたパソコン上のグラデーションも段階を追って濃く（薄く）なっているので，正確に言えば，色の濃さを選ぶことと変わりありませんが，見かけ上は色が連続しているように見せることができます。

一方で，パソコン上の着色となると，自分で色を混ぜて，自分のイメージに合った色を作るということができません。そのため，自分だけの色を作り，微妙な色の違いを楽しむ作品を作ることをねらった美術科の授業であれば，デジタル画は不向きです。むしろ，たとえば黄色を塗った枠の隣の枠に緑を塗るようなときに，パソコンであれば領域をはみ出して塗ることがないので，はっきりとしたコントラストを付けることができます。このように，デジタルアートを楽しむ場合には，その特性を生かした表現ができるように授業を展開することが大切です。

1）この実践は，新井英靖・石川県立明和特別支援学校・石川県立いしかわ特別支援学校，2022，『知的障害特別支援学校　「各教科」の授業改善一学習指導案実例＆授業改善に向けた提言』（明治図書）に詳述しています。

15 ICT を活用した体育科の授業づくり①
体育科の授業づくりのポイント

1 自分の動きをモニターする体育科の学び

解説各教科等編では，体育科の目標として，「遊びや基本的な運動の行い方」について知ることが挙げられています。一般的には，体育科の授業では，先生や友達の動きを見て，それを真似することで運動技能を高めていくことが多いと思われますが，こうした授業づくりに ICT を取り入れるとどのように変化するのでしょうか。

「先生や友達の動きを見て，それを真似すること」が体育科の指導の基本であるとしたら，動きをなかなか習得できない子どもは，模倣する力がほかの子どもと比べて苦手であるということになります。これには，①目の前にいる人がどのように動いているのかを捉える（分析する）力が必要であるとともに，②目の前にいる人と同じように自分の身体を動かす力が必要です。すなわち，①と②をすぐに連動させて自分の動きにできる人は，運動がすぐにできるようになり，体育が得意な人だと考えます。一方で，運動が苦手な人は，①と②のどちらか，または両方が苦手で，人の動きを見てもどのように動けばよいかわからない人だと考えます。

ただし，自分の動きを見ることは，もともと難しいことです。特に，知的障害のある子どもは，自分の身体の動きをモニターすることは難しいので，見本となる人の動きを動画で見せても，なかなかその動きを自分の中に取り込んでいくことができず，運動技能の向上に時間がかかることが多くなります。

2　体育科の授業づくりとICT活用

このような知的障害のある子どもの学習上の困難を解決するために，体育科の授業において，ICTを有効に活用していくことが重要であると考えます。

近年，スポーツ科学の分野はAIやICTを取り入れ，めざましく進歩しています。陸上競技や球技など，さまざまな分野で，自分のフォームを動画で録画し，その場で確認して，どのように修正するかを考える練習風景は多くみられるようになりました。また，前回の動きと今回のフォームを重ねた画像を作り，うまくいったときの身体の動きと，うまくいかなかったときの身体の動きはどこが違うのかを視覚化できるようにすることも容易にできるようになっています。

こうした自分の身体の動きを即時フィードバックする授業は通常の体育の時間においても，多くみかけるようになりました。すなわち，子どもたちは，自分がタブレットの中でどのように動いているのかをその場で確認して，意欲的に学ぶ様子がみられています。しかし，知的障害のある子どもは，単に録画したものを見るだけでは自分の動きをモニターすることが難しいこともあります。

そこで，知的障害のある子どもたちがICTを活用して深く学ぶ体育科の授業の工夫について，以降に２つの授業場面を取り上げて，考えていきます。

16 ICTを活用した体育科の授業づくり②
ICTを活用して ダンスを盛り上げる（表現運動）

1 ダンス（表現運動）の指導のポイント

体育科の授業のなかで，自分の動きをその場でモニターし，修正していく学びとして最もイメージできるのは，「ダンス」の領域だと思います。特別支援学校学習指導要領においても，小学部２段階の体育科の内容のなかに「音楽に合わせて楽しく表現運動をする」ことが挙げられています（ここでは，自分の動きをモニターできる段階として小学部２段階の子どもを想定します）。

小学部２段階の子どもの表現運動では「身近な動物や乗り物などの題材の特徴を捉え，そのものになりきって全身の動きで表現したり，簡単なリズム遊びをしたり，音楽に合わせて歩いたり，跳んだりすること」などが例示されています。そして「軽快なリズムの曲や児童が日常的に親しんでいる曲」を取り上げ，「弾む，回る，ねじるなどの動きで自由に踊ること」を指導していくことが解説各教科等編に記述されています（『解説各教科等編』p.235）。

このとき，「鳥，昆虫，恐竜，動物園の動物，飛行機，遊園地の乗り物，おもちゃなど，特徴が捉え易い動きを多く含む題材」が例示されています。しかし，体育科の授業として取り上げる場合には，単に飛行機や恐竜の真似ができればよいのではなく，あくまでも「自分の身体がどのように動いているのか」を意識することが重要です。解説各教科等編でも，「自分の感情や行動を統制する能力，自らの思考の過程を客観的に捉える力など，いわゆる『メタ認知』に関するもの」は重要であり，こうした視点から指導を進めていくことが求められています（『解説各教科等編』p.220）。

2　ダンスの指導のなかで身体の動きを引き出す工夫

たとえば，「音楽やリズムに合わせて歩く，走る，弾む，回る，ねじるなどの運動をする」ことを授業で取り上げるのであれば，走るときの音楽と弾むときの音楽と，回る・ねじるときの音楽を変えることが考えられます。具体的には，一連の活動のなかでバックミュージックを流しながら，弾むときに「ピョーン，ピョン」といった効果音を挿入して，弾んで飛ぼうとすることを促していくことが考えられます。

♫　ピョーン，ピョン

この音が出ているときは，ジャンプ！

このように，ダンスの指導のなかで，子どもの身体の動きを引き出す工夫の一つに音楽を使うことが挙げられます。これまでの授業であれば，体育科の授業のときにキーボードを担当する先生を配置して，子どもが身体を動かそうとしているときに，タイミングよくキーボードから音を出して，動きを補助するような指導の工夫を行っていました。しかし，今後さらにICTを活用するとしたら，教員がキーボードから音を出すのではなく，録音された効果音をリモコンで操作して，音を出していくなども考えられます。

こうした指導を行うことで，キーボードを担当していた先生も子どもの指導に加わることができ，今まで以上にきめ細かい対応が可能となります。ICTを活用した個別最適な学びの保障という考え方は，単にICTを利用してそれぞれの子どもの課題に沿った内容を指導するだけでなく，授業の運営に係る人手を減らすことで，これまで以上に教師が個別に関わることができるようになるという効果も期待できます。

3 発表を演出する過程でICTを活用する

体育科の種目のなかでも「ダンス」については，芸術表現が含まれているところに特徴があります。こうした表現系の種目については，ダンスを練習するだけでなく，授業の最後でみんなの前で発表するなど，パフォーマンスを演出する場面が出てきます。そのため，単に自分の身体の動きをモニターするために動画を撮ってその場で確認をするだけではなく，自分たちの演技をより良く見せるために音や光をどのように活用するかについてみんなで考える時間を取ることも重要な学びの一つとなります。

これを「協働的な学び」として捉えるならば，舞台の上でダンスをしている様子を録画して，この舞台をどのような光や音でアレンジしていけばよいかを考えることも体育科の学びの一つだと言えます。もちろん，体育科の授業では，身体を動かすことなく，演出効果について話し合うだけでは不十分です。しかし，友達が動いている演技を見て，スポットライトを当てたり，音響のスイッチを入れるなどの役割をみんなで分担することにより，ライブ感あふれるダンスの発表会を協働的に創ることは，自分たちのダンスパフォーマンスの向上につながると考えます。

そして，こうした子どもたちが創り上げたダンスの発表会を録画して，後日，振り返ったり，保護者に鑑賞してもらえるようにするなども，ICTを活用した体育科の深い学びにつながります。近年では，録画した映像を編集することも容易になっていますので，タイトルを入れたり，「ここで○○さんが登場します」などのキャプションを入れるなどして，本格的なダンスのビデオを作ることも可能です。

4 生涯にわたる豊かなスポーツライフを実現するために

体育科の最終的な目標は，体育の時間だけで身体を動かすのではなく，生涯にわたって身体を動かしたいと思うような意識を育てることです。特に，知的障害のある子どもは，学校を卒業したあと，なかなか一人ではスポーツ施設を訪問し，運動を継続することは難しいと考えられます。一方で，作業所などに働きに出るようになった場合でも，定期的に運動を取り入れているところが多くあるとは言えないのが現状です。

そうしたなかでは，テレビやYouTubeなどから流れてくる音楽に合わせてダンスをするということは，家庭などで，卒業後も継続してできる活動の一つであると言えます。そのため，いつまでも先生が音楽をかけて，「こんなふうに踊ってみよう」と師範する授業を繰り返すのではなく，自分でダンスを創作したり，家で踊った内容を誰かが録画して，それをみんなで見て楽しむような取り組みも，体育科の学びでは必要であるかもしれません。

このように，体育科の授業のなかでも，表現系の運動については，ICTを活用することで，生涯学習と結び付く活動を用意できるようになります。それにより，一人ひとりの興味や運動能力に合った学び（個別最適化された学び）が可能になるとともに，それをみんなで楽しむことができる協働的な学びをもセットにして授業を展開することができると考えます。

17 ICTを活用した体育科の授業づくり③ ICTを活用した球技の授業づくり

1 球技の魅力を最大限に生かすためのICT活用

ダンスなどの表現系の種目ではなく，ほかの種目でICTを活用するとしたら，どのようになるでしょうか？　ここでは，知的障害特別支援学校でも多く取り組まれている球技を例にしてみていきたいと思います。

球技は解説各教科等編（小学部２段階）では，「ボールを使った基本的な運動やゲーム」として記載されています。ここでは，「簡単なボール操作でボールを投げたり，蹴ったりする『ボールを使った基本的な運動』と，簡単な規則で行われる『ボールを使ったゲーム』や『友達を追いかけたり逃げたりするゲーム』」が例示されています。このように，「ボールを使った基本的な運動やゲーム」は，個人対個人や集団対集団で競い合う楽しさに触れることができる運動であると指摘されています（『解説各教科等編』p.234）。

ここまで体育科の授業におけるICTの活用に関して，タブレット等で撮影した動画をすぐに見て，「自分の動き」をモニターすることを挙げていましたが，この方法は球技においても同様に行うことができます。たとえば，ボールを投げている様子や蹴っている様子を見て，「もっと格好よく投げたい（蹴りたい）」という思いを子どもがもつだけで，運動技術の向上につながります。また，ダンスの発表会などで，ICTを活用して会場を演出することを紹介してきましたが，球技の試合をする場合には，登場曲を流したり，得点を電子化して表示したりするなど，試合を盛り上げるためにICTを有効に活用することはすぐにできることだと考えます。

2 球技を深めるための ICT 活用

体育科では授業を盛り上げるために ICT を活用するだけでなく，学びを深めるために ICT を活用することもできます。たとえば，解説各教科等編では，「ものやマークなどの的に向かってボールを投げたり蹴ったりする的当てのゲーム」が例示されています。これまでは，的に当たったらボードが倒れるなどして，運動の結果がはっきり見てとれるように授業を工夫してきましたが，ICT を活用すると，的に当てるための運動技能がより高まるようにもっと工夫することができます。

具体的には，的に当たったら音が出るように電子ボードを作成したり，的の枠を光るようにして，「目標」がはっきりとわかるように表示したりすることで，投げたり，蹴ったりするときに目標をしっかり見ることができるようになります。また，ボールを投げるときに「腕を高く上げる」ことがわかるように，一定の高さまで腕（または，持っているボール）が上がったら音楽が流れるように設定することも ICT を活用すればできるようになります。

このように，ICT を活用することで，どのように投げるか（あるいは，蹴るか）について，より深く理解することができるようになります。これが体育科の深い学びにつながる新しい実践のかたちであると考えます。

ICT を活用した生活科・社会科の授業づくり①

18 生活科・社会科の授業づくりのポイント

1 生活科・社会科の授業づくりと ICT 活用

私たちが生活のなかで ICT を利用している場面を思い出すと，迷わずに歩いてたどりつくために，行き先までのルートをスマホやタブレットで検索することなどが挙げられます。旅行の前には，これまでであれば旅行ガイドブックを購入して，同行者と一緒に見ながらどこを訪問するかを考えていましたが，近年では動画サイトを検索し，現地の魅力を先取りすることも容易にできるようになりました。

こうした ICT の利用を突き詰めて考えると，近年では，VR（バーチャルリアリティー）を用いて実際に現地に立っているかのような体験もできるようになっています。そのため，今後は，社会科見学の方法も様変わりしていくかもしれません。

しかし，こうした映像をリアルに見せることが生活科・社会科の本質かと言われると，そうではありません。授業のなかで，生活や社会の様子をリアルに感じられる工夫をしながらも，教科として生活科・社会科を指導するのであれば，「生活の見方・考え方」や「社会の見方・考え方」を深める指導をすることが重要なポイントとなります。

2 深い学びにつながる ICT の活用方法

このように，教師はその教科の視点を明確に意識して授業を行わなければなりません。生活科・社会科の場合，いろいろな内容が含まれますので，それぞれの内容に関連する「見方・考え方」を意識して指導していくことが重要です。

たとえば,「我が国の地理や歴史」について取り上げるときには,「身近な地域や自分たちの市の様子,人々の生活は,時間とともに移り変わってきた」ということがわかるよう学ぶことが必要です。もちろん,このときにはいろいろな都市の生活をVRなどで見て学ぶことができれば,子どもの知識は広がります。しかし,社会科を学ぶときに,「人々の生活は,時間とともに移り変わってきた」ということを実感できるようにするならば,単にVRを見てどんなところであるかを知るだけでなく,「鉄道や道路はどのように変わってきたか,生活の道具はどのように変化してきたかなどの問いを設けて,予想を立てたり,聞き取り調査をしたりして,その変化について話し合う学習」が必要となります(『解説各教科等編』p.289)。

これは,生活を科学的に見つめる学習をすることが生活科や社会科の本質であるからです。こうした学びを深めるためにICTを活用することが求められています。そもそも,「生活」や「社会」というものは日常に埋め込まれているため,意識して見たり,考えたりしない限り,理解することが難しいと考えます。

たとえば,修学旅行で行く北海道では,どのような食べ物が食べられるのか,どのような衣服を身に着けているのか等,ICTを用いることで,実際に現地に行かなくても,その地域の衣食住についてより深く学ぶことができます。

19 ICTを活用した生活科・社会科の授業づくり②
ICTを活用して「公共サービス」を理解する（社会のしくみと公共施設）

1 「バスの乗り方」ではなく，「公共交通」について学ぶ

生活科や社会科の内容は，これまで知的障害児の教育課程では生活単元学習のなかで取り扱ってきたものが多くあります。たとえば，生活科の内容のなかには，「交通機関の名称や利用方法，目的地まで行くための交通機関を知ること」があります（『解説各教科等編』p.51）。生活科の学習指導要領解説では，「電車やバスなどを利用し，乗降時には，様々な方法で料金を支払うなどを体験することが大切である」と記載されていますが（『解説各教科等編』pp.51-52），こうした体験的・実際的な学びであれば，従前から生活単元学習で実施してきた内容と大きく変わりません。

それでは，生活科と生活単元学習をどこで区別していけばよいでしょうか。生活単元学習で体験的・実際的に学ぶことは，バスの乗り方の学習で言えば，前のドアから乗車して，運転手の隣にあるICパネルにカードをタッチして運賃を支払うことなどでしょう。一方で，生活科（教科）として学ぶ場合には，単に体験的・実際的に学ぶだけでなく，「生活に関わる見方・考え方」を育成することが目的となります。

そのため，「バスの乗り方」を体験するだけではなく，目的地に行くまでにどのようなルートを通るのか，どのような交通機関を利用するのかといった「思考力・判断力」を育成することが求められます。これは，実際に学校外に出かけて行ってバスに乗る練習をすればよいのではなく，「考える学習」が必要になります。

2　ICTを活用したバスのルートの理解

バスのルートや利活用について，「立ち止まって整理して考える学習」をする場合には，必ずしも学校外に出かけていかなくても，教室でICTを活用することで効果的に学べることがあります。

たとえば，茨城大学教育学部附属特別支援学校では，過去にバスのルートについて動画を使って学ぶ授業がありました。この授業では，子どもがよく乗車するバスに教師が乗車し，運転席の横で動画を撮影してきて，運転手目線でバスが動いていく様子を見ながら，バスがどのルートを通っているのかを学習できるようにしていました。

具体的には，駅から出発したバスが自分の家の最寄りのバス停までの動画を見る中で，「このバス停の近くには，〇〇のスーパーがあるね」とか，「ここは市立図書館があるバス停だね」など，バス停を目印にしながら，子どもの生活圏にある社会的な施設を学ぶように教材が作られていました。この授業の対象児は中学部生でしたが，バスや電車などの乗り物が好きな子どもたちであったこともあり，運転手目線の動画にとても興味をもちました。そして，授業では，動画を見ながら，「家の近くにこれがある！」と発言するなど，とても意欲的に学習に参加していました。

もちろん，この授業を生活科として進める場合には，バスに興味をもつというだけでは不十分です。駅から家までのバスのルートのなかに，図書館があることや，その次のバス停にはスーパーがあるなど，

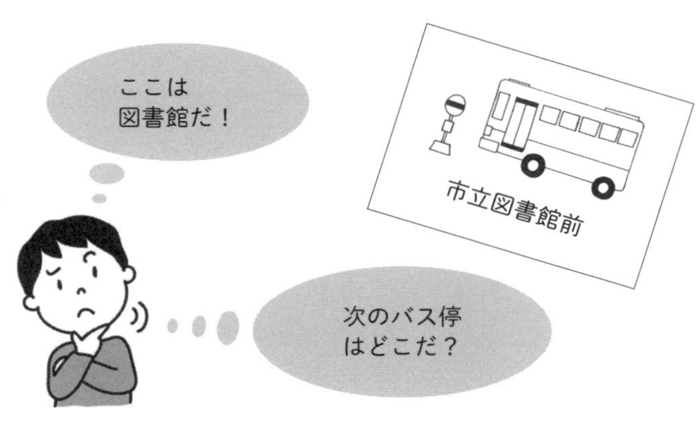

自分が住んでいる地域の施設を理解し，社会科（地理）につながる学習となるように授業を展開していくことが必要となります。

3　中学部社会科の「公共サービスの利用」へとつなげる

小学部の生活科は，自分が生活している周辺の施設を範囲にして理解していくことが目標となりますが，中学部の社会科になると，生活圏を広げたり，「公共物」ということの理解を深める学習が求められます。解説各教科等編では，知的障害のある子どもに対して，「日常生活の中での公共施設の役割や行政サービスの内容や必要性，身近な生活に関わる制度や社会に関する基本的な制度について分かるようにする」ことが目標とされています（『解説各教科等編』p.284）。

この学習においても，生活科のところでふれたことと同様に，単に公共施設の利用方法を体験的・実際的に学ぶことが中心となるのではありません。解説各教科等編には「公共施設や制度が，自分や自分を含めた社会で暮らす人々にとって，円滑で快適な生活に役立っていることを理解できるようにすることが大切である」と記載されていて，公共施設の役割について考えることが課題となっています（『解説各教科等編』p.284）。

この点について，解説各教科等編を詳しく見ると，「実際の指導に当たっては，これらの公共施設について位置を地図で確認したり，施設についてインターネットを利用して調べたり，実際に見学や利用をしたりするなどして，その役割と名称と位置を一体的に結び付け，自分の生活との関連について考え，積極的に利用しようとする意識を育てることが大切である」と指摘されています（『解説各教科等編』p.285）。社会科の学習でもあるので，「教わる」だけでなく，「調べる」ことと「実際に利用すること」を融合させて，公共施設や公共サービスの便利さがわかるように学びを深めていくことが求められます。

4 公共サービスの便利さを理解する授業づくり

このほか，市役所の利用について学ぶときにも，単に記帳台に行って，住民票をもらうための手続き書類を書くことを体験するだけではなく，住民票がどんなときに使われていて，市役所の人はそれをどのように管理しているのかという点を学ぶ場面が必要になります。これは，社会科の学びでは，「記帳台で書類を書く」といった体験の奥にある，実際には見えない「社会のしくみ」に視点をあてて考えることが重要だということを意味しています。

そして，こうした実際には見えない「社会のしくみ」を学習の中で顕在化させる工夫の一つに ICT を利用することができます。具体的には，記帳台で書いた請求書類が市役所の人に渡された後，どのようにその書類が流れていき，住民票が発行されるのかといった流れ（しくみ＝行政システム）が見えるように動画教材を作成することが考えられます。

中学部の社会科の学習になると，こうした「生活の中では，実際に見えない社会のしくみ」を学ぶことになります。そのため，知的障害の程度によっては，なかなか理解することが難しい子どももいるため，市役所のしくみを学ぶ動画に関しても，難易度を調整したいくつかの動画教材を作成することが必要となるかもしれません。このような ICT を活用して個々の子どもに応じた教材を作成することが，個別最適化された学びに求められていることであると考えます。

以上のように，社会科の授業では，「社会における見方・考え方」を育成するために，公共施設やサービスをどのような視点で見て，考えるかという点に着目して授業を展開していくことが必要です。

20 ICTを活用した生活科・社会科の授業づくり③
「行ったことのない地域」を深く知る（日本の地理）

1 自分の県と他県の生活や産業を比較する

社会科の学習は，身近な生活（自分の町や市町村）について学んだ後，少しずつ範囲が広がっていきます。地理が空間的に広がっていく学習だとすると，歴史は時間的に広がっていく学習であると言えますが，今，自分が生活している時間や空間を広げていく学習をすることが，社会科の学習の本質であり，深い学びにつながる視点だと考えます。

ただし，時間や空間を広げて学ぶことは，想像力を働かせて思考することが必要になりますので，知的障害のある子どもには難しい学習になり，授業づくりにおいて工夫が必要です。そして，本書のテーマである「個別最適化された学び」という視点から考えると，社会科に関する想像力を働かせるために，ICTを有効に活用することが重要となります。

たとえば，茨城県に住んでいる知的障害のある子どもに「茨城県の食べ物と言えばなに……？」と尋ねても，イメージができないことも多いでしょう。よっぽど，「昨日食べたご飯を教えて」と尋ね，子どもが食べた物のなかから茨城県の特産物を見つけだすほうが理解しやすいでしょう。

このように，その県で生活していても，毎日，食卓に出てくる食材が，自分の住んでいる県の特産物であるかどうかは，地理的な視点で考える機会がないとわからないのです。これは，毎日の生活があまりにも当たり前に過ぎていくので，そこに視点をもって考えることをしない限り，学びが深まることはないということでもあります。

逆に言うと，当たり前の日常をより意識的に見つめるために，その日常が当たり前ではない時空間のなかで考えるのが「社会科」という教科です。すなわち，自分の県の特産物を知ることが学習の課題であるのなら，自分の県とは違う県と比較することで，自分の県の特徴を浮き彫りにすることができるということです。

2 ICT を活用して生活や産業を探る

ただし，自分の県とは特徴が大きく異なる地域を実際的・体験的に学ぶことは容易なことではありません。茨城県の特別支援学校の子どもであれば，修学旅行で北海道や沖縄県に行くことはあります。しかし，ここまで遠くの場所に行けるのは高等部３年生であることが多く，この経験をしてからでないと日本の地理を学べないのだとしたら，ほんの数か月しか日本地理について学ぶ期間がないということになってしまいます。

そのため，実際に行ったことがない地域でも，具体的なイメージをもって学ぶことができるように，社会科の学びでは資料（現代においては，ICT を活用した動画資料も含めて）の活用がとても重要になります。たとえば，北海道や沖縄県の観光協会が HP にアップしている現地の観光地やお勧めの料理などを見ながら，茨城県の食材と何が違うのかという点を調べて，まとめる学習などが考えられます。

もちろん，各地の HP を見れば地域を学べるというわけではありません。（自分が住んでいる）茨城県の生活や産業の特徴を知るために，北海道と沖縄県では，どちらを取り上げるのがよいのかなど，教師も深く教材を研究することが必要です。今回，例示している授業で言えば，茨城県は北海道に次ぐ農業が盛んな県であり，特産品についても違いを明確にするのが難しいかもしれません。そのため，温暖な地域で収穫できる果物やゴーヤなどを使った料理がある沖縄県のほうが，比較対象の県としては取り上げやすいと考えることもできます。

そして，沖縄県と茨城県の食材について比較する社会科の授業を展開するのだとしたら，観光客がよく食べる料理についてインターネットで動画を見たり，観光ガイドを調べたりしながら，「我が国の国土に関する地理的な事象，歴史や伝統と文化，それらと人々の生活との関連について，具体的な活動を通して気付き，考えられる」ように授業を進めていくことが，社会科の授業づくりのポイントとなります（『解説各教科等編』p.288）。

3 ICT を活用した知的障害のある子どもの社会科の授業づくり

ここまで述べてきた社会科の授業方法だと，行ったことのない地域についてインターネットなどで調べて，まとめる力が必要になります。そもそも，社会科は中学部から学習指導要領に記載されている教科ですので，中学部１段階（つまり，小学校１年生程度の学力）を前提にした内容になっています。そのため，ある程度の知的能力のある生徒に対する教科だと割り切って実践することも考えられます。

しかし，知的障害特別支援学校では，中学部や高等部の生徒のなかにも，小学校１年生の学力レベルに到達していない生徒は多くいます。こうした生徒たちは，「調べて，まとめる」ことがメインとなる学習活動になってしまうと深く学ぶことが難しくなります。そのため，中学部生に社会科の授業を実践する場合には，「地理的な事象と人々の生活との関連について，具体的な活動を通して気付き，考えることができる」という共通の目標を立てて授業を展開し，学習課題を複数に分けて実践することが求められます。

具体的には，比較的軽度の知的障害のある子どもに対しては，「インターネットで他県の状況を調べて，まとめる」ことを主たる学習活動とするとよいでしょう。ただし，そうした学習が難しい，比較的重度の障害のある生徒に対しては，「現地の動画を見て，どのような物を食べているのかを話す」ということを目標にする授業でもよいと考えます。

中学部社会科の目標

地理的な事象と人々の生活との関連について，具体的な活動を通して気付き，考えることができる。

主たる学習活動

（中学部段階の生徒）インターネットで他県の状況を調べて，まとめる。
（小学部段階の生徒）現地の動画を見て，どのような物を食べているのかを話す。

もちろん，中学部段階の学習が難しい生徒の社会科の学習は，社会科の前段階である生活科の内容や，小学校教科の前段階である幼稚園教育要領に記載されている内容を参考にすることも考えられます。あくまでも，社会科の学習指導案を立案するときは，中学部社会科の目標をもとに考えていく必要がありますが，その目標を達成するための具体的な学習活動を検討する場合には，生徒が主体的に参加できる内容・方法にアレンジしていくことが必要です。このように，社会科の学びを深めるために，ICT を活用し，一人ひとりに合った内容・方法に工夫していくことが，「個別最適な学び」であると考えます。

21 ICTを活用した理科の授業づくり①
理科の授業づくりのポイント

1 理科＝自然科学の深い学びとICT活用

理科は，実験や観察など，子どもが主体的に学ぶ工夫をしやすいことが多く，そのため，興味をもって授業に参加する子どもが多い教科の一つだと言えます。この教科は目の前で生じた事実を客観的に把握することができるようになることを目的としていますので，「見て，考えて，深く理解する」という学習の流れをつくりやすいのだと考えます。

一方で，ICTを取り入れた学習というと，国語や英語，社会科といった人文社会科学系の教科よりも，自然科学系（いわゆる理系）の教科のほうが，共通項があるように思われます。それは，理系教科は，「見て，考える」ことができる授業を展開する場合にも，情報通信技術が関係する内容が多くあるからです。

たとえば，電気の通り道を学ぶ授業では，「電気の流れ」を実際に見ることは難しいので，スイッチを押したら電球の明かりが一斉に点くといった実験を見ることで，電気が流れていることを想像できるように授業を進めることが考えられます。もちろん，この実験をただ見るだけであれば，ス

イッチを押したら電球が点くということしか理解できないかもしれませんので，「電気の流れ」に着目できるように教師が補足的説明をすることは必要かもしれません。

このように，実験的に「電気」について考え，その結果，「電気の流れ」をイメージすることが理科の深い学びにつながります。

2　目に見えないことを想像する理科の学びと ICT の活用

このように，理科では，目に見えない電気の「回路」を意識することができるように，授業を工夫していくことが求められますが，ここに ICT の活用を加えるとどのようになるでしょうか？

たとえば，電気回路の学習でいえば，これまでにも豆電球を使って，子どもの目の前で電気を点灯させるような授業は行ってきました。その上で，豆電球が点く理由を理解させるために，「電気が行き届いたところの電球は点灯する」という解説をすることができます。これを先生からの口頭での説明で終わるのではなく，少しファンタジックに「でんきの冒険」などの動画を作って，「でんき」役のキャラクターがトンネル（導線）を走っていくように教材を作成することも可能です。

これは，理科の授業の中で子どもたちは「電気が点いた！」という「変化」を楽しみながらも，その奥にある「回路」や「電気の通り道」について理解を深めることができるように指導しなければならないということです。これまでの授業でも，クリスマスツリーを電飾してスイッチを入れて楽しむ生活単元学習はありましたが，これは「理科の見方・考え方」を働かせる学習として考えると十分な学びではないと考えられます。

以降，このような理科の学びを深めるために ICT をどのように活用していくことができるのかという点をみていきたいと思います。

ICT を活用した理科の授業づくり②

22 ICT を活用して物理現象を「見える化」する（物質・エネルギー）

1 物理現象を自然科学的に思考する

理科の授業は，物理・化学・生物・地学の４つの分野から学びを深めていくことができるように構成されています。このうち，特別支援学校学習指導要領では，化学に関する内容はあまりなく，その他の３つの領域の内容が記述されています。おそらくこれは，知的障害児に化学の授業を実践しようとしても，高度な抽象的な思考（たとえば，アルカリ性や酸性の理解）が必要になるので，内容的に難しくなるからだと考えます。

このうち，「物理」については，特別支援学校学習指導要領では，「物質・エネルギー」という項目でまとめられています。具体的な内容としては，「物の性質，風やゴムの力の働き，光や音の性質，磁石の性質及び電気の回路」が挙げられています。こうした私たちの身近な生活に存在する物理現象（風やゴム，光や音など）は，実際に体験していることであり，子どもたちもそれなりのイメージはあると思います。しかし，こうした物理現象を自然科学的に「見方・考え方」を働かせるには継続的に指導していくことが必要です。特に，知的障害のある子どもは，目に見えない法則を思考することになるので，授業で物理現象の奥にある法則をイメージできるような配慮や工夫をすることが必要になります。

2 「風力」を可視化する授業の工夫

たとえば，風力について理解を深める授業の工夫についてみていきましょう。筆者は小学部３段階の子どもの理科の授業で，「風の力」について取り上げた授業を見たことがあります。その授業では，段ボールで作った空気砲で風力を発生させ，その力を帆の付いた船や車に伝えて動かすというものでした。

この授業に参加していた子どもは，船や車が動くととても喜び，あまり進まないと「何とかして遠くまで動かしたい」と思い，風の力を強くするにはどうしたらよいかを考えはじめました。これまで，知的障害のある子どもに展開されてきた「風の力で動かそう」という理科の授業では，こうして「見えない風」を可視化するように進められてきました。

今後の授業では，もっと ICT 活用して，「風の力」をイメージできるように授業を改善していくことが求められます。たとえば，大型扇風機を持ってきて，風の力を従来の２～３倍に強めてみるなど，実験しながら考えることが挙げられます。このとき，風速を上げるスイッチやリモコンに風力メーターが付いているものであれば，風力を段階的に上げることで船や車がどのくらい遠くまで動いたのかを記録して比較するなども，「理科の見方・考え方」を働かせる授業につながります。

このように，理科の授業では自然科学的な条件を変えることで，物体の移動距離が変わる物理現象の法則を理解することを目指します。こうした授業を実施するのに，いつでも大型の機械を利用して，実験しなければならないというわけではありませんが，ICT を利用することで，条件の違いや移動距離の計測などがわかりやすくなるのだとしたら，積極的に利用していくことが理科の深い学びにつながると考えます。

23 ICT を活用した理科の授業づくり③

ICT を活用して自然のしくみを「見える化」する（地球・自然）

1 地球・自然に関する理科の内容と授業づくり

特別支援学校学習指導要領では，地学の分野にあたる内容を「地球・自然」としてまとめています。ここでは，「太陽と地面の様子に気付く」ことや（『解説各教科等編』p.339），「雨水の行方と地面の様子，気象現象，月や星についての理解」（『解説各教科等編』p.351）について取り扱うことになっています。

この項目についても，太陽や雨，月や星など，日常的によく知っている項目が多く含まれていますので，子どもは楽しく学習する要素がたくさんあります。しかし，これまでの生活単元学習で取り扱ってきたように，単に体験的・実際的に学ぶだけでなく，教科・理科としての「見方・考え方」を働かせるように授業を展開していかなければなりません。

具体的には，「雨水の行方と地面の様子」についての理解では，雨が降ってきたときに，傘を差して歩く練習をするのではなく，「水は，高い場所から低い場所へと流れて集まること」や，「水のしみ込み方は，土の粒の大きさによって違いがあること」など，雨水の行方と地面の傾きや土の粒の大きさとの関係を理解するように学んでいくことが求められています（『解説各教科等編』p.351）。

こうした理科の「見方・考え方」を働かせる授業を行うためには，山から川が流れている模型を作り，雨に見立ててじょうろから水を山にかけると，水が川に伝わり河口へと流れていく様子を観察する学習が必要であると考えます。

2　ICTを活用した地球・自然の授業づくりの工夫

理科の学習では，模型を作って実験したり，実際に砂場を使って水が流れる様子を観察したりすることはよくあります。ただし，これは，あくまでも模型や砂場で作った山や川を「見立てる力」があることが前提となります。

一般的に，幼稚園生は砂場を自分たちでいろいろな形に作り変え，見立てて遊んでいますので，特別支援学校の小学部３段階程度の知的能力があれば，こうした学習をすることは可能であるかもしれません。しかし，中学部の生徒であっても，小学部１～２段階の知的能力の生徒はいますので，そうした生徒に対して，砂場を地球に「見立て」てて，理科の内容を深めていくためにICTを有効に活用することができないか，検討することが必要です。

たとえば，雨が山に降り，山から川に水が流れ，それが河口まで流れ，海に出て，水蒸気になって雲になり，雲が山にぶつかると雨が降るといった一連のサイクルを映像化した教材を活用するなどが考えられます。また，砂のつぶの大きさの違いによって，川の水で砂が動いたり，動かなかったりする様子についても，映像で見ることが可能です。

このように，砂場を使って目の前で実験をすることも大切ですが，川の底面でどのようなことが起こっているのかという点については，実際には潜って見ることはできません。そうした実際には確かめようのないことや，経験するのが難しいことについては，ICTを有効に活用することで，「地球がどのようになっているのか」を知る機会となり，理科の学びが深まると考えます。

24 ICTを活用した理科の授業づくり④
ICTを活用して生命の変化の過程を「見える化」する（生命）

1 生命に関する理科の内容と授業づくり

特別支援学校学習指導要領では，生物に関する内容を「生命」としてまとめています。中学部1段階では，「身の回りの生物」についての理解を深め，中学部2段階では「人体」についての理解を深めるというように，自分と他の生物を理科の視点から学ぶことが目標になっています。

たとえば，中学部1段階の「生命」に関する内容のなかに，虫や植物について学ぶ内容があります。特別支援学校学習指導要領では，「生徒が身の回りの生物について探したり育てたりする」ことが記載されていますので，飼育や栽培を実際的・体験的に学ぶことは学習の重要なプロセスであると考えます（『解説各教科等編』p.341）。

しかし，教科・理科として飼育や栽培を行うときには，虫や植物に関して，「これらの様子や成長の過程に着目して，それらを比較しながら，生物と環境との関わり，昆虫や植物の成長のきまりを調べる活動」が重要であると記されています。このように，「観察」などを通して，いろいろな虫や植物の「差異点や共通点」に気付くことや，疑問をもつ力を育成することが理科の深い学びであると言えます（『解説各教科等編』p.341）。

具体的には，「卵→幼虫→蛹→成虫」というような一定の順序があることを理解するなど，授業のなかで生物学の基礎となる「見方・考え方」を働かせることがが求められます。このとき，図や絵を用いて記録をするとともに，映像などに記録するなどの自然との関わりを観察，実験する初歩的な技能を身に付けることも大切です。

2　ICT を活用して「生命の進化の過程」を視覚化する

こうした生物の本質をつかむことが理科（生命）の深い学びだとすると，その学びを深めるために ICT はとても効果的に活用することができます。たとえば，ある虫が「卵→幼虫→蛹→成虫」に成長する過程を学ぶと言っても，すべての虫が数日の間に変化するものではありません。場合によっては，数週間から数か月かかって変化していくものもあり，知的障害のある子どもが理解できる範囲を超えてしまうこともあります。

このとき，定点カメラを設置して，毎日，同じ時刻に写真を取り，その写真を連続してコマ送りすることで，虫の成長過程を視覚化することができます。コマ送りの方法も，写真を１枚ずつ見せるだけでなく，たくさんの写真を高速コマ送りして，あたかも定点カメラでずっと撮影していたかのような見せ方もできるでしょう。

このように生物の進化の過程を学ぶ授業では，今，目の前で変化を生じさせる実験を行い，それを観察するということが難しい内容も多くあります。そうした学習のときには，時間をかけて変化する様子について，ICT を工夫して使うことで，より深く理解できるようになります。

こうした内容理解についても，生徒の理解の段階によって異なりますので，映像のバリエーションを増やし，個別最適な学びとなるよう工夫していくことが求められます。

ICT を活用した職業・家庭科の授業づくり①

25 職業・家庭科の授業づくりのポイント

1 職業・家庭科の深い学びと ICT 活用

職業・家庭科は，「生活の営みに係る見方・考え方や職業の見方・考え方を働かせ，（中略）……よりよい生活の実現に向けて工夫する資質・能力」を育成するために中学部から設定されている教科です。解説各教科等編では，「生活や職業に関する実践的・体験的な活動と相互に関連付けて，実際の生活に生きる力や生涯にわたって活用できる力の基礎が育成されるよう工夫することが重視される」と指摘されていますので，具体的な生活場面や仕事の場面を取り上げて学ぶことが重要です（『解説各教科等編』p.468）。

ただし，これは単に生活の体験や職場体験を繰り返せばよいということではなく，この教科の学びを通して生活や職業に関する「見方・考え方」を働かせて，考えたり，判断できるようになることが目標となります。

2 生活と職業を深く見つめる視点に気付く

これは，私たちが日常を何気なく過ごしているだけでは気が付かない生活や職業の大切なポイントがあり，そこに気付かせるように授業を展開することが職業・家庭科の目的であるという意味です。たとえば，家庭生活の分野で「家計」のことを学ぶ内容がありますが，中学生や高校生の年齢では，基本的に欲しい物があったときに親からお金をもらう生活をしていた子どもには，生活を経験するだけでは「収入と支出のバランスを考える」ことは難しいでしょう。

職業に関する学習でも，「どのような仕事に就きたいか？」という程度の問いであれば，日常生活の中でふれてきた「あこがれの仕事」を言うことはできます。しかし，その仕事にはどのような知識やスキルが必要であるのかということは，簡単に想像できることではありません。たとえば，電車が好きな生徒が鉄道会社に勤めたいと言ったときに，その生徒がイメージする仕事は電車の運転手や車掌だと思われますが，実際に鉄道会社には電車を動かす以外の仕事がたくさんあります。そうした幅広く職業を知ることがキャリア形成には重要ですが，こうした学びをすべて実際に体験することは難しいと考えます。

3　ICT を活用して生活と職業のイメージを広げる

こうした生活や職業に関するイメージを広げていくときに，ICT を活用することはとても有効です。実際の企業でも，明るい企業イメージをもってもらうために，職場の雰囲気がわかる動画を作ってホームページにアップしているところもありますが，職業・家庭科の授業においても，生活や仕事に関する動画教材を通して学ぶことはイメージを広げることに役立つと考えられます。これは，言い換えると，日常生活を過ごしているだけではわからないことが生活や職業のなかにはあるのだけれど，ICT の力を借りると，未知の世界に入って学ぶことができるということです。

それでは，どのように ICT を活用すると，生活や職業に関する見方・考え方をいっそう働かせることができるようになるのでしょうか。以降に家庭分野と職業分野の授業の例を具体的に紹介していきたいと思います。

26 ICT を活用した職業・家庭科の授業づくり②
表計算ソフトで家計をシミュレーションする（家庭分野：金銭管理）

1 家庭分野の目標と ICT 活用の必要性

職業・家庭科のうち「家庭分野」が学習対象としているのは，家族や家庭・衣食住・消費・環境に関することですが，このうち，「消費」に関しては，中学部２段階の生徒に対して，「昼食やおやつの買物において，予算を考えて購入することや，家族の人数を考えて適切な数量を選ぶことなど，必要で適切な物を無駄なく選んだり，使い切ったりする経験を積み重なるようにすること」となっています（『解説各教科等編』p.497）。

さらに，高等部段階の生徒に対しては，「計画的な金銭管理の必要性を理解し，物資・サービスの選択に必要な情報の収集・整理が適切にできるようにするとともに，物資・サービスの選択に必要な情報を活用して購入について考え，工夫できるようにする」ことが目標となります（『特別支援学校学習指導要領解説　知的障害者教科等編（下）（高等部）』p.149）。もちろん，知的障害のある生徒がすべての契約について責任をもったり，家計のすべてを管理するということは難しいかもしれません。しかし，そうしたなかでも私たちの生活がどのようなしくみ（契約）で成り立っていて，どのように金銭管理をしていかなければならないのか，ということを学校教育のなかで学ぶことは重要なことだと考えます。

ただし，契約や金銭管理は，実際に生活をしていてもわからないことが多く，私たちでさえも，家を借りたいときや，物を買いたいときに，その場でわかる範囲で済ませてしまっていることも多いのが現実です。そうしたときに，契約までの手続きを動画で見たり，表計算ソフトを使って予算管理をシミュレーションすることは，有効な学びの一つとなるでしょう。

2 「計画的なお金の使い方」を学ぶ家庭分野の授業

知的障害のある生徒のこうした生活上の課題に対して，「計画的なお金の使いかた～やりくりシミュレーション～」という授業を見たことがあります[1)]。この授業に参加していたのは，高等部２段階の学習内容が理解できる生徒でした。

具体的に，この授業に参加していた高等部生徒は，「一人で買い物をすることはできるが，決まった金額のなかでやりくりするという経験がほとんどない」という実態でした。この学校の進路指導部が調査したところ，「金銭管理ができるようになる」ということは，QOL を高めていく上で重要な項目であったので，将来の生活をイメージさせながら，家計のやりくりについて考える授業を行ったとのことでした。

この授業では，生活するためにかかる経費（家賃・光熱費・食費・おこづ

シミュレーション結果

Hさん

Let's Challenge! やりくりシミュレーション

項目	金額
家賃	80,000
光熱水費	10,000
通信費	2,970
食費	20,000
おこづかい	10,000
合計	122,970

収入		支出		残金
100,000	−	122,970	＝	-22,970

スマホ料金を抑えたが，住みたい部屋が高すぎて，マイナスになった。

Oさん

Let's Challenge! やりくりシミュレーション

項目	金額
家賃	42,000
光熱水費	10,000
通信費	7,315
食費	20,000
おこづかい	10,000
合計	89,315

収入		支出		残金
100,000	−	89,315	＝	10,685

スマホをたくさん使うため，無制限プランを選択。家賃を抑えた。

かい等）を一覧表にして，どんな生活をしたいかを考え，経費を Excel シートに記入していきました。

その結果，ある生徒は，スマホの料金を抑えたが，住みたい部屋が高すぎて赤字になってしまいました。しかし，別の生徒は，スマホをたくさん使いたいという理由から，携帯電話の料金プランを「無制限プラン」にすることを選択しましたが，家賃を抑えたため，収入の範囲内で収まりました。授業では，こうした赤字になる人とそうでない人が出てくるなかで，楽しく過ごしたいけれど，赤字にならないように生活しなければならないという一種の「矛盾」を乗り超えるために，家計を見直す視点をもつようになってきました。

3 家計を「やりくり」するという視点をもつ

以上のように，授業のなかで，生徒たちは家賃を抑えるか，携帯電話の料金を抑えるか，おこづかいの使い道を調整するかについて話し合いました。このとき，単に家賃を下げればよいという帰結にならないように，実際にある不動産会社のホームページなどにもアクセスし，家賃が安い部屋はどういう条件なのかについてもインターネットを使って調べました。

部屋さがしの見直し

- 生活費の一番大きな部分。
- 「共益費」の存在。
- 「広さ」「新しさ」「立地条件」等、いろいろなことに注意する。

スマホプランの見直し

- 普段どのくらい使っているか。
- 今、家族が支払ってくれている金額を実感する。
- 今後の使い方。

おこづかい（自由に使えるお金）について

- 休日の過ごし方。（買い物、遊びに行く）
- 出かける際の交通費、食事代、娯楽費。
- 貯めるだけではなく、生活を豊かにするために使う。

そうすると，家賃を８万円から３万円に下げれば，携帯電話を使い放題のプランに変更できるけど，家賃３万円の部屋にはシャワーしか付いていなかったりすることがわかってきました。このように，家庭分野の授業では，収入の範囲内でどのような生活をするのかについてイメージし，判断していくことが求められます。

4　フィナンシャルプランナーのように金銭管理を考える

以上のような「やりくり」は，一般家庭でも，家計簿を付けながらやってきたことだと思います。しかし，ICT が普及している現在においては，さまざまなシミュレーションをネット上でできるようになっています。

たとえば，保険の見直しをするときや，自家用車を購入するときに，予算やオプションの希望を入力すると，その人にとって最適なプランを示してくれるようなアプリや WEB サイトもあります。窓口の相談でも，フィナンシャルプランナーが客の希望を聞いて，パソコンに条件を入力した上で導き出された，最適プランを見ながら相談してくれることもあります。

このように，現代においては「情報」は少し先の生活をイメージするために重要な資源となります。家庭分野においては，この情報にアクセスする力や，情報を活用するスキルをもつことで，「今ここにある生活」だけではなく，将来の生活をより具体的にイメージすることができるように授業を展開していくことが求められます。この点において，金銭管理も単にエクセルに数値を入れて考えるだけでなく，将来を含めた自分の生活をイメージできるような学びを展開することが重要であると考えます。

1）この授業は高知県立中村特別支援学校の北村三枝先生の実践です。

27 ICTを活用した職業・家庭科の授業づくり③ インターネットを活用した報道局の職場体験（職業分野：職業生活）

1 職業分野の授業でどのような力を身に付けるか

職業分野の授業では，仕事をする上で求められる「自分と他者との関係から，役割を理解し協力しようとする意欲を育むこと」について理解することが求められます（『解説各教科等編』p.489）。この授業においても，「実際の場面において必要となる事柄を考えたり，体験したりする学習を通して身に付けること」となっていますので，実際に活動しながら学ぶことが重要となります。

しかし，職業分野の授業では，「様々な仕事や職業生活を支える仕組みについて調べたり，自分が将来働きたい仕事に就くためにどのような力を付けたらよいかを考えたり，実際の職業生活を知り自分の行動や生活を見直したりするなど，作業や職業生活に関わる具体的な課題を解決するために工夫をすること」が求められています（『解説各教科等編』p.490）。そのため，必ずしも就労に向けた職場体験をすることがこの教科の目的ではありません。あくまでも職業に必要な「見方・考え方」を働かせることや，職業に関する課題を解決していく力を育成していくことが職業分野で重要なこととなります。

こうした資質・能力を育成するために，ICTを活用しながら，どのような職業体験を用意し，どのように指導していくことが必要であるのかという点を考えてみたいと思います。

2　「報道」の仕事を体験する

ここでは，中学部生徒が職場体験の一環で，「報道」の仕事を体験したときの内容と方法を紹介します。茨城大学教育学部附属特別支援学校では，いろいろな職業を知り，それを体験することで，「働く」ということはどういうことなのかを考える時間を作っています。こうしたキャリアを形成するための取り組みを進めるなかで，茨城大学内での職場体験活動を実施しました。

具体的には，中学部生徒13名が茨城大学を訪問し，大学内に開設した「リユースショップ（通称，茨スト）」や，ペットボトルつぶしを主たる仕事とする「リサイクルセンター」を設けて職場体験を行いました。その上で，テレビ局などの仕事に興味をもつ数名の中学部生が「報道局員」となり，リユースショップやリサイクルセンターの取り組みを取材し，それをインスタグラムなどに投稿し，発信しました。

リユースショップの様子

報道局の職場体験に参加した生徒は，家でもときどきインターネットを利用しているようで，タブレットから文字を入力するスキルはおおむね身に付いていました。そのため，職場体験では，伝えたいことを考え，報道するように生徒を指導しました。

3　情報モラルと仕事の責任感をもつ

報道局の職場体験では，リユースショップやリサイクルセンターの様子を動画や写真に撮り，そこで働いている人にインタビューをして，インスタグラムにアップする活動を行いました。具体的には，職場体験で働いているほかの生徒に仕事の様子を聞き取るなどして取材をした上で，報道局のために用意した部屋で画像を取り込み，コメントを書いて投稿しました。

プライバシー保護のため，実際には，インスタグラムを閲覧できるのは，生徒の保護者だけとしました。そのため，閲欄回数が飛躍的に伸びることはありませんでしたが，リアルタイムに配信される自分たちの投稿に，保護者などから「いいね」ボタンが付けられてると，生徒たちは喜んでいました。

ただし，この取り組みはタブレットに写真を取り込むスキルを身に付けることを目的とした授業ではなく，また，写真にコメントを付けていく国語の授業でもありません。あくまでも，仕事をすることの責任感や情報モラルを育成する職業分野の学習であるということをふまえて指導しました。

すなわち，「職業分野」の内容として含まれている「インターネット等の情報通信ネットワークを使った情報収集や，コンピュータやタブレットを使った画像や映像などにより体験したことや自分の考えを表現すること」を活動のねらいとしました。そのなかで，情報を発信することを役割とする仕事の体験を通して，「インターネット上の情報収集や情報発信が自分の生活に及ぼす影響が分か」ることを目指して指導しました。また，「情報機器を使用する際のルールやマナー，人権侵害の防止，危険を回避する具体的な方法などを身に付け，適切な使用ができる」ことなども指導しました（『解説各教科等編』p.491）。そのため，顔写真や氏名などがネット上に掲載されることのないように配慮するなど，情報モラルに関する指導にも力を入れ，生徒が理解できるように努めました。

4 ICTを活用した実際的な体験と育成する「資質・能力」

このように，単に職業体験をすれば，職業に関する「見方・考え方」が働くようになるのではなく，その体験を通して必要な資質・能力を身に付けることが重要です。今回，紹介した報道局の職業体験でいえば，インターネットを活用し，画像等をインスタグラムに投稿して，情報を発信することが実際的な体験ですが，そうした活動を通して，仕事に対する責任感や情報モラルなどの「資質・能力」を育成することが最終的な目標となります。

一方で，報道局の体験で，生徒がインターネットを活用していれば，自然と資質・能力（仕事に対する責任感と情報モラル）が身に付くというものではありません。そのため，そうした力を育成するために意図的に「見方・考え方」が働くように指導していくことが求められます。つまり，この授業においては，ICT の活用はあくまでも手段であり，それを通してどのような仕事においても活用できる考え方（汎用的能力あるいは社会人基礎力）を育成することが重要です。

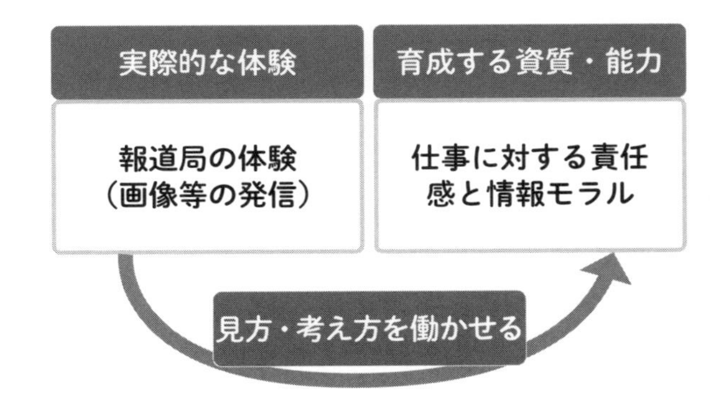

28 総合的な学習の時間における ICT の活用①
現代社会を生きるための協働的な学びの方法

1　生活単元学習におけるこれまでの ICT の活用

知的障害児教育で生活単元学習というと，これまで日常生活で経験したことを再現しながら学んでいくことが多くありました。たとえば，交通ルールを学ぶ単元では，横断歩道の渡り方の手順を覚え，校外歩行で横断歩道に行き，その手順を思い出しながら横断歩道を渡るといった学習が行われてきました。また，季節を扱う単元では，公園に出かけ，咲いている花や植物，虫などに触れる学習が行われてきました。そのほかにも，学校の行事や地域のイベントに参加するなど，生活単元学習では，実際に触ったり，実際の場所に行ったりすることで，子どもたちが生活していく上で必要なスキルや知識を身に付けていくことを大切にして実践されてきました。

しかし，新型コロナウイルス感染症が蔓延していた時期は，実際の場所に行ったり，実際のモノを触ったりすることがほとんどできない状況になりました。こうしたなかで，ほかの教科・領域と同じように，生活単元学習でも ICT を活用した取り組みが行われました。たとえば，実際に横断歩道に行かなくとも，歩道の映像を見ることで疑似的に横断歩道を渡る体験ができるように授業を工夫したり，公園に行かなくとも，とても鮮明な映像で公園に咲いている花や植物，虫の細かいところまで見せるなど，さまざまな工夫が見られました。

このように，疑似体験できる教材・教具を生活単元学習でも多く開発し，ICT を活用しながら生活単元学習を展開できるようになりました。

2　21世紀型の生活単元学習の「学び」とICTの活用

現在では，新型コロナウイルス感染症も落ち着き，校外学習もできるようになってきましたが，こうしたなかで，生活単元学習は，今後，どのようになっていくのでしょうか。やはり，コロナ禍以前の状況に戻り，生活単元学習では，ICTの活用が少なくなるのでしょうか。

次の節では，特別支援学校で行われた中学校との交流学習の授業実践を紹介します。具体的には，①美術と関連付けた総合的な学び，②道徳教育の視点をもって行われた総合的な学びの2つの実践です。

これらのうち，①の実践では，ICTを活用して作品制作で得る達成感やその良さを共有することをねらいにしています。また，②の実践では，他者を通して自分を見つめ直すことでより深く自分を知ることにICTを活用しています。このように，学びを広げる，深めるという視点でICTの活用を考えていくことで，これまでとは違った授業づくりを展開できる可能性があります。これは，従来の生活単元学習の授業内容を越えた実践であり，21世紀に求められる「総合的（あるいは探究的）な学び」につながる実践であると考えます。

このように，21世紀型の学びにはICTの活用が欠かせません。もちろん，すべての活動でICTを活用すればよいわけではありません。これまでの生活単元学習で大切にしてきた，校外に出かけて横断歩道を渡る実際的な体験をすることや，公園に咲く花を見たり触ったりする直接的な体験は，抽象的思考が苦手とされる知的障害児にとっては学びの基礎となります。しかし，その基礎の上で，ICTの活用を効果的に進め，実際的な体験と疑似的な学びのバランスを取りながら，学びを深めていくことが重要であると考えます。

29 総合的な学習の時間におけるICTの活用②
オンライン交流会を通した交流学習の実践

1 オンラインで美術の作品交流をする

知的障害児教育では，これまで，人と積極的に関わろうとする態度を養い，自分の思いを相手に伝えたり，相手を知ろうとしたりする意欲を高めることを目的として，交流及び共同学習を多くの学校で実施してきました。しかし，新型コロナウイルス感染症が流行していた時期は，対面での交流が難しくなってしまいました。そこで，茨城大学教育学部附属特別支援学校では，交流先の中学校とオンラインによる交流を行いました。

この交流学習のおおまかな流れは，以下のようになっています。

① 水の中の生き物をテーマに一人一匹ずつ水墨画の作品制作を行う。
② オンライン上のアクアリウムに，それぞれの学校の生徒の作品を展示する。
③ それぞれの学校の生徒が，オンラインでお互いの作品を紹介し合う。
④ 後日，オンラインで，お互いに気に入った作品を伝え合ったり，感想やメッセージを伝え合う。

この学習では，まず，水の中の生き物をテーマにした水墨画の作品を作りました。それまでの美術の学習で水墨画に取り組んできたこともあり，特別支援学校の生徒たちは，持ち味を生かしたユニークな作品を制作しました。続いて，タブレット端末のホワイトボード機能を使って，「ダイバーシティ・アクアリウム～ふぞく水族館～」と題したオンライン上のアクアリウムのなかで，共同制作を行いました。一方で，交流先の中学生は共生社会，多様性の視点から「みんなが共生できる水槽（海）」を考えてグループで画像を制作し，作品を掲載しました。このように中学生と一緒に一つの作品を作り上げるという体験は，生徒の自信につながるものとなりました。

共同制作の後は，オンラインで中学校と交流を行い，お互いの作品を紹介し合いました。特別支援学校の生徒のなかには，言語で表現することや発表が苦手な生徒もいましたが，自分の作品のポイントを考え，記入しておくことで，相手の中学校の生徒に話して伝えることができました。最後に，オンライン上にアップロードされた共同作品を鑑賞し，自分が良いと思ったほかの生徒の作品に「いいね」のリアクションを付けていきました。また，タブレット端末のホワイトボードのメモ機能を使って，それぞれの学校の生徒が感想を伝え合いました。このように，タブレット端末を活用することで，一人ひとりがじっくりと作品を鑑賞できたり，良いと思った気持ちを言葉で伝えることができました。

2　オンライン交流会で自信と意欲を高める

この授業を通して感じたことは，ICT を活用し，オンライン上で共同制作や対話を行うことで，生徒が自信を高め，「自分の思いを伝えたい」という意欲が向上したということです。こうした交流では，交流先の中学生が特別支援学校の生徒をリードして助けるというかたちになりがちですが，ICT をうまく活用することで「互いに交流できた」と感じる時間がもてました。

一方で，特別支援学校の生徒たちのなかには，自分らしい豊かな美術表現をする生徒が多くいます。そのため，美術の作品を制作し，その作品を通じた交流を行うことは，特別支援学校の生徒には，自分を表現しやすく，対等な関係での交流を可能にするものだと考えます。そして，今回紹介した実践では，コロナ禍だからこそ，オンライン上で作品を合体させて一つの作品にしていくといった，ICT を活用した方法を取り入れることができ，制作の喜びや達成感を中学生と共有することができたのだと考えます。

この実践を通して，特別支援学校の生徒は，自分の作品が共同制作をした作品の大切なパーツになったと実感でき，大きな自信となりました。今後，オンライン交流の良さを生かして，合奏などの音楽的な活動で交流することを検討していきたいと考えています。そして，さまざまな人と交流を広げ，生徒たちの自信をこれまで以上に高め，人とつながりたい，自分の思いを伝えたいという意欲をさらに高めていきたいと考えます。

3 「自分を深く知る」ためのオンライン交流会

また，この中学校との交流を通して，自分自身を知って，新たな一面に気付いたり（深めたり）することを目的とした学習も行いました。その内容としては，以下のような活動を企画しました。

① 自分自身について考え，良いところや苦手なところを知る。
② 友達と意見交換をして自分自身や他者への理解を深める。
③ オンラインで A 中学校と交流を行う。
④ 再度，自分自身について考え，良いところや苦手なところを意識する。

この実践では，単元の最初に，アニメキャラクターの顔のみを提示し，キャラクターの良いところについて考え，知っている情報をもとに「優しい」「○○なところがかっこいい」などと答えていきました。キャラクターを自分に置き換えて，自分の良いところや得意なことは，普段から発表などを通して行ってきたので，交流のときにも話すことができました。

しかし，自分の苦手なことについては，ほとんどの生徒の手が止まってしまい，言葉にすることが難しい様子が見られました。なかには，直近の生活のなかで失敗したことを発言する生徒もいましたが，自分自身の内面に目を向けることは難しかったように感じました。

4 オンラインだからこそ「自分を見つめる」余裕ができる

こうしたなかで，オンラインで中学校との交流が始まりました。特別支援学校の生徒は，同世代の相手に対して「自分たちとは違う」と感じたこともあり，緊張する様子でしたが，興味をもって話を聞くことができました。交流先の中学生は，簡単な自己紹介と，本校の学習内容に合わせて，良いところや苦手なところを発表しました。その発表をオンラインで聞いていたある生徒が「そういうことか。A 中学校の生徒も苦手なことがあるんだね。」という発言があったり，別の生徒からは，苦手なことを聞いた後に「私もそうかもしれない。」という声が上がりました。

この後，再度，自分自身について考える時間を設けました。交流前とは異なり，それぞれの生徒が様々な意見をもつことができました。たとえば，「A 中学校の〇〇さんと同じく，△△が苦手」という発言や，「（クラスの）〇〇君は△△が苦手かも」など，自分自身について深く考えようとしていました。このように，交流後に特別支援学校の生徒の様子に変化が見られたのは，普段関わることの難しい同世代の生徒とオンラインで関わったからだと考えます。もし，この活動が対面での交流であったら，「相手に話すこと」にばかり気が向いてしまい，冷静に「自分との共通点」などを考え，深めることは難しかったと思います。むしろ，オンラインを通して画面越しに交流したからこそ，一対一に近い状況を設定することができ，他者から学び，自分を深める学習ができたのだと考えます。

さまざまな領域・教科の学習における ICT の活用

30 特別活動・外国語活動・自立活動における ICT の活用

1 特別活動の事前指導における ICT の活用

学校教育における ICT の活用は，教科学習だけでなく，あらゆる場面で推奨されています。特に，特別活動や総合的な学習（探究）の時間における学びでは，主体的に調べ，課題を解決する学習ですので，ICT を積極的に活用していくことは不可欠であると考えます。そこで，各教科等の授業づくりだけでなく，特別活動の事前指導において ICT をどのように活用していくことができるのかについてみていきたいと考えます。

たとえば，修学旅行の事前指導は，知的障害のある子どもに対して，これまで生活単元学習の時間を利用して，訪問先の情報をネットで調べたりしてきました。今後は，こうした学習を発展させて，「自分たちで調べて，深く探究する」学びとなるように展開していく必要があります。

具体的な学習内容をみていくと，修学旅行の訪問先である北海道の食べ物について，宿泊行事の事前指導としてだけであれば，２日目の昼食のメニューを調べて，食べたい物を選択し，レストランの利用の仕方がわかれば十分です。しかし，そうした調べ学習のなかで，北海道のラーメンに興味を示し，いろいろな味のラーメンがあることを調べてみたいと考える生徒がいたら，それは総合的な学習（探究）の時間の入り口に立っていると考えられます。

北海道のラーメンは有名なところでも４つの地域に分けられます。それぞれどんな味なのか，麺の太さや硬さはどうなのか，製法も違うのかなど，調べていくと特徴を整理することができるでしょう。それを一覧にしてまとめるだけでも興味のある事柄を深く探究することになります。

このように，「行ったことがない」「食べたことがない」ことについて，インターネットを利用して調べるということもICT活用の方法の一つです。しかし，特別活動の事前指導を超えて，総合的な学習（探究）の時間として指導するならば，味や見た目を調べるだけでなく，その製法や，場合によっては歴史などについても調べ，地域の文化を深く探求することが学びの特徴です。

2 外国語活動（外国語科）におけるICTの活用

「行ったことがない」「食べたことがない」ことについて，インターネットを利用して調べるという学習ならば，外国語活動（中学部以上は，外国語科）でもできます。もちろん，外国語活動として学ぶときには，修学旅行の行き先について調べることとは異なり，外国文化を知ること（社会科に通じる内容）や，外国の言葉を学ぶこと（語学としての学び）に焦点をあてた授業となりますので，ICTの活用方法も異なります。

特に，外国語科という教科を指導する場合には，学習指導要領に育成を目指す資質・能力が明記されていますので，それをふまえた授業を展開する必要があります。具体的には，外国語科は，「外国語によるコミュニケーションにおける見方・考え方を働かせ，外国語の音声や基本的な表現に触れる活動を通して，コミュニケーションを図る素地となる資質・能力」を育成することが目標となっています（『解説各教科等編』p.503）。そのため，外国語科でICTを活用するとしたら，コミュニケーションをより促進していく方法を検討することが求められます。

たとえば，ネイティブ・スピーカーの英語を録音したものを聞かせることが考えられます。もちろん，ALTに頻繁に来校してもらえるのであれば，そのほうが良いのですが，外国人の講師の来校を増やすことができないのであれば，収録した音声であってもネイティブ・スピーカーの発音に慣れ親しむことは大切です。ただし，中学生や高校生がリスニングテストのときに聞いているような会話を聞いても，知的障害のある子どもにとっては内容をイメージすることは難しいことも多いので，ゲームを用意し，収録されたネイティブ・スピーカーの音声を聞きながら遊ぶときにICTを活用することが考えられます。

一方で，外国文化を調べ，それを外国語を使いながら模造紙にまとめていくというような活動も考えられます。また，知的障害児の小学部では，教科としての設定ではなく，外国語を使った活動を楽しむことを中心にした学習活動になります。こうした授業の場合には，先生が英語で色や食べ物の単語を言ったら，そのカードを取ってきてボードに貼り付けていくゲームなどが考えられます。このゲームは，模造紙に９個のマスを作り，そこにカードを貼り付けていくというかたちで進めてもよいのですが，ICTを使って行うこともできます。

具体的には，共同編集が可能なソフトを利用して，オンライン上でカードを貼り付けていく方法が考えられます。身体を動かしながら活動したほうがよい子どもたちであれば，教室に９個のマスを描

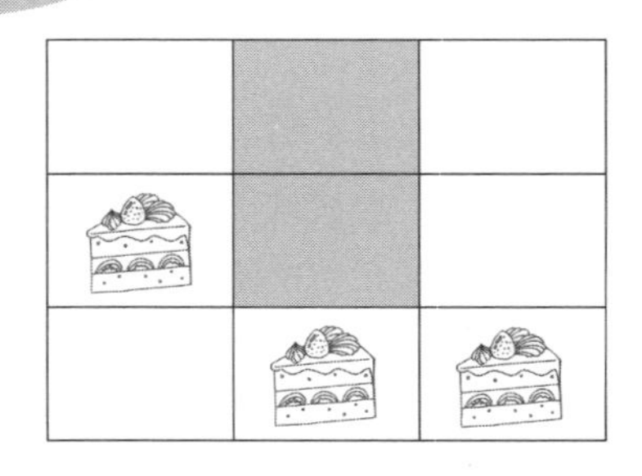

いた模造紙を置いて，カードを貼っていく授業でもよいでしょう。一方で，より多くの単語を聞いて，カードの操作をしたほうが外国語についてたくさん学べるのであれば，オンライン上の操作でゲームを進めたほうがよいこともあります。

こうしたゲームに慣れてくると，「あと１枚でビンゴだ！」ということがわかったときに，「Cake」の英語が流れてくることを期待するようになり，楽しみながら英語を学ぶことができます。

3 コミュニケーションの基礎を学ぶ自立活動の ICT 活用

外国語の学習で，コミュニケーションの学びを深めるために ICT を活用することができるのであれば，同様に，自立活動（コミュニケーション）の授業でもできます。ただし，自立活動で身に付けるコミュニケーションの力は，「語学力」ではなく，「やりとりの基礎」です。

自立活動は障害のある子どもに対する専門的な指導を可能にするものであり，特別支援教育の専門性を発揮できる重要な実践的取り組みの一つです。そのため，これまで自立活動の指導でも，知的障害のある子どもに対してコミュニケーションの基礎を育てるために，さまざまなゲームを通して，順番に活動することや，他者を意識する指導をしてきました。

これまでの指導では，現実に目の前に人がいて，その人のことを意識してコミュニケーションの基礎を学んできました。しかし，その一方で，「やりとり」のパターンが固定してしまい，複雑な状況のなかで対応する力を育てることが難しいことも多くありました。そうしたなかでは，（VR 教材を含めて）ICT を活用して「やりとり」をする力を身に付けるための状況・場面を収録し，コミュニケーションの練習をするということは自立活動の指導では必要であると言えます。たとえば，「聞こえる声の大きさで話す」ことを指導するときに，先生の声が聞こえたらカードを上げて伝えるという方法でもよいですが，ある一定の音量で話したらランプが青になるというように，

ICT 機器を使うということもできます。

また，「順番に話す」ことを指導する場面でも，「話し手」「聞き手」がはっきりわかるように，話すときにボタンを押すと，タブレットに『話します』という表示がでるように設定することもできます。

やりとりの基礎

①順番に話す
②相手に合わせて行動する
③聞こえる声の大きさで話す
④相手のほうを向いて話す

こうした表示が出ているときには，「相手の話を聞く」ということを子どもに指導していくこともできます。

このほか，コミュニケーションに関する自立活動の指導では，ICT を活用すると，「会話（やりとり）」の様子を録画して，自分がどのように人と話しているのかを見ることもできます。これは，国語の授業でもできることですが，自立活動の指導で行う場合には，表現の内容ではなく，「間の取り方」や，「話し手のほうを向いて話していたか」など，「話し方の基本」ができていたのかどうかなどがポイントとなります。このように，自立活動でコミュニケーションの基礎を学ぶ場面では，障害特性をふまえて，困難を改善したり，克服したりするために指導をしていくことが重要となります。

第3章

さまざまな障害児のICTの活用と授業づくり

1 病気の子どもに対するICT活用と授業づくり①
病弱教育の授業づくりのポイント

1 病弱教育におけるICT活用と授業づくり

病弱教育は，心身の病気が理由で学校・学級に通って（対面で）授業を受けることが難しい子どもが多いので，早い時期から授業にICTを取り入れて実践してきました。近年，病室などにも通信環境が整ったことや，タブレットを1人1台保有することができるようになり，病室にいても在籍していたクラスの授業が受けられたり，友達とオンラインでやりとりすることができたりするようになっています。

このように，ICTは「今，ここ」にいない人や場所とつながることができるといった特徴があります。そのため，（身体的な病気だけでなく，精神的な面も含めて）病室や自宅から出られない子どもが多い病弱教育では，早くからICTの有用性を認識して，実践してきました。

もちろん，ICTの活用は，「地域の学校（教室）」と「病室」をつなぐだけでなく，さまざまな授業づくりにおいても活用されています。たとえば，生活科や理科の授業で外に出かけて草花を観察したり，社会科で実際に市役所を見学したりすることがあると思います。数か月にわたって入院をしている子どもは，こうした屋外あるいは校外での学習に参加することがどうしても難しくなります。

そうしたときに，病弱教育では，その学習を補うようにインターネットで草花を検索し，屋外で観察することと同等の学びができるように工夫をしています。また，市役所などへの社会科見学で知り得る内容をICTを活用して深く知ることも多くあります。

2　ICT 活用では補うことができない学びをどうするか？

ただし，ICT を活用すれば学習のすべてを補完できるというわけではありません。たとえば生活科や理科の時間に，屋外で草花を実際に観察できれば，気候や湿気，においなど，五感を使って草花の特徴を多く感じ取ることができます。社会科で市役所を見学してきたときでさえも，市役所の人が「どの窓口に行ったらよいのかわからないでいる人」を見つけて案内する様子が見られるなど，現地に行かなければわからないことも多くあります。そのため，ICT を活用すれば，病気の子どもに対して十分な教育ができるというわけではありません。

こうしたなかで，病弱教育では，「協働的な学び」についても ICT を用いて行ってきました。たとえば，市役所の映像を見たときに，実際に行ったことがある友達から，どんな雰囲気だったか，どのくらい混んでいたのかなどの情報を交流し，ICT の活用を通して得られる学びを広げ，深めていくように学習を進めています。

このように，病弱教育では，さまざまな教科学習において「個別最適な学び」を実現するために ICT を早くから活用してきましたが，その一方で協働的な学びも大切にするといった「ハイブリッド」な授業づくりを行ってきました。以降，病気により，さまざまな学習に制約のある子どもたちに対して，ICT 活用と協働な学びの双方を取り入れた授業づくりの工夫についてみていきたいと思います。

2 病気の子どもに対するICT活用と授業づくり②
ロボットがつなぐ「協働的な学び」（特別活動：お祭りを楽しもう）

1 病室にいながら集団活動を楽しむ

病室から出ることが難しい病気の子どもには，教師がベッドサイドに行き，個別に学習指導をするかたちを取ります。「個に応じた指導」という点では，こうしたかたちで教育を展開することができれば，各自の学習課題を指導していくことができます。

しかし，学校での教育は単に個別指導を保障すれば良いのではなく，集団のなかで「協働的な学び」を展開することも重要です。しかし，病室から出られない病状の子どもは，ほかの病気に感染するリスクもあり，もともと病室外で他者と密に関わることを制限されています。

ロボットが往復する

こうしたなかで，病弱教育では，ICTを有効に活用し実践を切り拓いていきました。たとえば，ある病弱特別支援学校では，お祭りの季節に子どもたちが企画した模擬店などをプレイルームに出店し，学校や病院のスタッフがお客さんとして参加する特別活動に取り組みました[1)]。ただし，病室から出られない子どもは，プレイルームに行ってお祭りを他の子どもと一緒に参加することができません。

そこで，この授業では，タブレットでお祭りの様子を配信して，病室のなかでも子どもはお祭りの雰囲気を楽しめるようにしました。さらに，病室にいる子どもも模擬店を作り，ロボットが病室に入ってお客さんの代わりをしていました。具体的には，ロボットが見ているものをプレイルームにいる先生や看護師が共有し，ロボットを通してコミュニケーションを取るという方法を取っていました（指導者は一人だけ，感染対策をして病室に入り，子どもの指導にあたっていました）。

2 タブレットを視聴することとは異なる学びの展開

以上のような活動は，わざわざロボットを使わなくても，病室にいる教師がタブレットを持って子どもに見せ，タブレットの先にいる教員や看護師とやり取りをすれば同じことができるようにも思えます。しかし，病弱特別支援学校では，お祭りへの参加の意識を高めるために，ロボットを用いていました。

それは，ロボットが病室に入ってくると，単なる画面越しに先生や看護師がいるという状況とは異なる学びが展開できるからです。たとえば，子どもが作った模擬店を見て，お客さん（教員や看護師）が買いたいと思った物があったとします。模擬店の店主である病室にいる子どもは，その注文を受けて，ロボットに商品を持たせて，病室を出るように命令し，プレイルームにいる教員や看護師に届けさせることができます。そして，商品を受け取った教員や看護師は，商品を買うための代金をロボットに持たせて病室に行かせることで，教員や看護師が病室に入ったことと同じことができます。

このように，ロボットが具体的な物体であるから，人とのコミュニケーションをよりリアルに感じ取ることができます。このとき，プレイルームにいる教員や看護師の姿がロボットの顔の画面に映るようにしたり，その画面に映った教員や看護師の声がそのまま子どもに伝わるようになれば，まさに人の代わりをロボットが担うことができます。

3 リモートワークを意識した教育実践の開発

これまで，心臓病など慢性的な疾患をもっている子どもは，体力を使う仕事や通勤に時間がかかる職場（満員電車に乗車することなども含む）で働くことは難しいことが多く，進路選択の幅が狭くなっていました。しかし，コロナ禍を経験した今の日本では，リモートワークという働き方が定着してきました。

そうしたなかで，これまで重い病気の人が諦めるしかなかった職種にもチャレンジできる環境が整いつつあります。その一つに，ロボットを用いた接客の仕事があります。

たとえば，ある職場では，病気の人はコントロールセンターにいて，客が席についたらロボットを操作して，その席までロボットを動かします。そこで，客と会話をしながら，注文を受け，厨房に注文を送ります。その後，ロボットを厨房に移動させ，客が注文した品物を配膳するといった仕事であれば，身体的な負担をかけずに仕事を継続していくことができるようになります。

4　ロボットが配膳する時代に育成すべき資質・能力は？

このように，これからの時代は，ロボットが配膳して，人間が関わらなくてもできるようになります。実際に，いくつかのレストラン（チェーン店）ではすでに配膳はロボットが行っています。そのため，今後は，人が注文を取り，人が配膳することに付加価値が出るような接客のスキルが求められます。たとえば，「今日のおすすめメニュー」について客に伝えるときに，客の好みをふまえて提案できるかどうかや，客の体調や今日の気分を聞いて，ちょうど良い料理の組み合わせ（メインの料理に合う飲み物を選ぶなど）を考えるなど，ロボット（または，人工知能）では難しい接客ができるようになることが求められます。

そして，病室で過ごすことが長かった病弱児にも上記のようなコミュニケーション力を指導していく必要があります。もちろん，身体的な不利を補うために，ロボットの操作など，ICT 機器の操作については学齢期から慣れ親しんでおくことは重要ですが，そのほかに，オンラインでつながった相手と楽しく会話を進められる話題の豊富さなども求められるかもしれません。こうした接客の力は，知的障害のある子どもも苦手なことの一つですので，今後は，リモートワークを想定した職業体験を実施していくことも必要であると考えます。

1）この実践は筆者が参観したいくつかの病弱特別支援学校の取り組みを組み合わせたもので，架空のケースとして記述しています。

3 聴覚障害児に対するICT活用と授業づくり①
聴覚障害児教育の授業の基本と環境づくり

1 授業づくりの基本

聴覚障害とは，身の回りの音や話し言葉が聞こえにくいことで，生活や学習に制限を受ける状態を指します。近年，補聴器や人工内耳の技術が進歩してきましたが，これらの機器によって聞こえの困難さがすべて解消されるわけではありません。聴覚障害児は個々によって聞こえにくさの程度は異なり，自分の思いや考えを表現しやすいコミュニケーション方法も音声，手話，文字などさまざまです。

聴覚障害児にとっては，「見ること」で情報を得ることが重要となります。特別支援学校学習指導要領では，聴覚障害児の指導に当たり，「視覚的に情報を獲得しやすい教材・教具やその活用方法等を工夫するとともに，コンピュータ等の情報機器などを有効に活用し，指導の効果を高めるようにすること」が求められています（『解説各教科等編』p.11）。このように，子どもたちが，視覚的な情報を活用して確かにわかる経験を積み重ねることができる環境がとても大切になります。特に，コンピューター，タブレット端末，電子黒板などのICT機器は，視覚的な情報の提示に優れており，聴覚障害児に対する授業において，積極的に活用されてきています。

ただし，視覚的な情報は，自ら視線を向けて見なければ入手できません。そのため，子どもが自ら興味をもって見ようとする，すなわち自発的に情報を得ようとする意欲を育んでいくことも大切です。ここでは，聴覚障害児の特性に応じてICTを活用することで，「深い学び」を実現する授業づくりについて考えていきます。

2 ICTを活用した授業の基本となる環境づくり

聴覚障害児は，教科書やプリントを見ているときや，何か作業をしているとき，すなわち話者を見ていないときは，話の内容を十分に理解できません。そのため，聴覚障害児に対する授業においては，「子どもと視線を合わせてから話し始める」ことは最も基本的で重要なことです。視覚的な手掛かりとなる教材を活用する際には，話者の近くで提示します。見るべきものが話者と同じ方向にあることで，子どもは常に顔を上げて話者を見ている状態になります。視野の範囲内において少しの視線移動で，教材と話者（教師や他児）を見ることができます。そして，教師は，子どもの視線の先を確認しやすくなります。適切なタイミングで教材を見る時間と，話を聞く時間を設けることができ，子どもたちの思考を妨げることなく対話や活動を進めることができます。このような教材の提示位置は，モニターやタブレット端末などのICT機器によって，自由自在に調整しやすくなりました。また，子どもたちの前方に，考えさせたい質問内容，絵や写真等の教材を提示することで，「今，何に着目すべきか」という話題が明確となります。教材提示方法の工夫は，子どもが自ら発言したり，クラスメイトの意見を聞いたり，互いの考えを話し合う時間を十分に確保することにつながっています。

では，聴覚障害児に対する授業において，具体的にはどのようにICT機器を活用して教材が提示されているでしょうか。例えば，国語科で物語の読み

【教師】

- **教材を話者の近くで提示**
- **「教材を見る時間」と「話を聞く時間」を分ける**

【子ども】

- **話題が明確になる**
- **少しの視線移動で，教材と話者を見ることができる**

取りをするとき，大型モニターで教科書を拡大して提示すれば，全員で同じ文章を見て，読み取りをすることがきます。本文の重要な部分に線を引いたり，書き込んだりして，それを保存しておくこともできます。また，あらかじめ準備しておいた視覚教材に加え，子どもから生じた自由な発想に応じて，教材のアーカイブやインターネット検索を利用して，絵や写真，動画などの提示がスムースに行えます。ほかにも，書画カメラ（実物投影機，OHC）をモニターに接続して使用することで，小さな物や教師の手元を大きな画面で見せることができます。例えば，教師の手元を大きく写すことで，理科の実験の様子，家庭科での縫い方など作業の様子を見せることができます。ワークシートなどの紙資料を拡大して提示し，子どもたちの回答や，教師が書き込んだ内容を見せることができます。この方法では，「今・ここ」にある実物や出来事をリアルタイムで表示しているという臨場感により，子どもたちの興味・関心を喚起することができます。

また，聴覚障害児は，周囲の会話を自然と耳にして繰り返し聞くことは難しく，代わりに「繰り返し見る」ことができるような環境づくりも重要です。子どもがタブレット端末から授業で使用した教材や成果物にアクセスできるようにし，さらに必要に応じて教材を印刷して掲示することも考えられます。このようにして，子どもたちが，自分で必要な情報を探して確認する習慣をつけていくことが大切です。

3　聴覚障害児のコミュニケーションとICTの可能性

聴覚障害児は，音声だけでなく，手話を始めとする視覚的なコミュニケーション方法を用いています。ICTの活用により，視覚的なコミュニケーションは，情報の共有と発信方法など，表現の可能性が広がってきています。

音声言語には書き言葉があり，記録したもの（教科書，資料，板書など）を，繰り返し見返すことができます。しかし，手話には書き言葉がありません。手話は，手指動作や表情などによって表現するため，動画による記録や伝達が最も適しています。近年，動画の記録や保存・再生が容易になりました。DVD などの記録メディアだけでなく，インターネットの動画共有サービスなどを通して，手話に気軽にアクセスできるようになってきています。また，オンライン双方向システムなどの通信技術が発展したことにより，ビデオ通話によって，遠隔地の相手とも手話で会話ができるようになりました。これまで，子どもたちは，聾学校などの限られた場所で特定の人としか，手話で会話をすることができませんでした。このような ICT の活用によって，さまざまな人の手話表現に触れる機会が増えること，手話を使用するロールモデルに出会えること，そして自己表現方法が拡大することなどが期待されます。

また，聴覚障害児者に対する情報保障においても，ICT の活用により可能性が広がっています。聴覚障害児者に対する「情報保障」とは，聴覚情報のバリアフリー化（音声情報の文字化，手話通訳，補聴や聴取環境の整備など）により，聴覚障害者が聴覚情報を得る権利を保障することです。特に，音声情報の文字化においては，音声認識の技術が向上し，スマートフォンやタブレット端末などを用いて，日常の中で気軽に使用できるようになりました。オンラインでのビデオ通話においても，音声認識技術を使用した字幕表示が可能になってきています。また，オンライン双方向システムを活用し，手話通訳者や文字通訳者を，遠隔で派遣できるようにもなりました。この方法では支援者が現場に同席しなくても支援ができます。ただし，これらの ICT 機器や技術を活用するためには，子ども自身のスキルも必要になります。さまざまな機器やアプリケーションなどの支援技術の特徴を理解し，授業の形態や内容などに応じて，自分に合った使い方を考える過程が必要になります。中学部・高等部では，自立活動において，大学等や社会において自ら ICT を活用して，どのように情報を得ることができるか検討する授業なども行われています。

4 聴覚障害児に対するICT活用と授業づくり②
聴覚障害児の教科指導における ICTの活用

1 動画を活用した「話すこと・聞くこと」に関する学習活動

特別支援学校学習指導要領においては，「児童の聴覚障害の状態に応じて，音声，文字，手話，指文字等を適切に活用して，発表や児童同士の話し合いなどの学習活動を積極的に取り入れ，的確な意思の相互伝達が行われるよう指導方法を工夫すること」が求められています（『特別支援学校幼児部教育要領小学部・中学部学習指導要領』p.79）。聴覚障害のある子どもたちが，お互いにわかり合うことができる話し方や聞き方ができていなければ，互いの考えを知り，話し合うことには発展しません。

国語科の「話すこと・聞くこと」の内容として，第３・４学年では，「話の中心や話す場面を意識して，言葉の抑揚や強弱，間の取り方などを工夫すること」が示されています（『小学校学習指導要領』p.33）。聴覚障害児は，音声の抑揚や強弱だけでなく，手話や指文字を始め，表情や身振りなど，さまざまな視覚的なコミュニケーション方法を活用して，情報を受け取り，自らも表現していることをふまえて考えていく必要があります。自立活動の指導とも組み合わせて，学習内容を考えていくとよいでしょう。

「話すこと・聞くこと」の学習において，自分の話をモニターする力を育てることが必要であり，第２章４節では，知的障害児に対する「アフレコで『話し言葉』をモニターする」活動が紹介されています（p.36参照）。音声言語は，耳からのフィードバックによって，自分の発声や発話内容をモニターすることができます。一方で，手話は視覚言語であり，手指と身体部位，周囲の空間を用いることにより伝達します。身体動作の感覚的なフィードバックはありますが，子どもの場合には客観的に自分が話している様子をモニター することは難しさがあります。そこで，動画で撮影し，自分自身が話している様子の動画を視聴させる方法が考えられます。動画を視聴する際に，子どもの実態に応じて，聞き手への配慮（例：間の取り方，注意の引き方），表出の仕方（例：手指動作の大きさ，口形の大きさ，表情の変化），言語表現（例：言葉使いや手話表現のわかりやすさ），話の内容や構成の仕方など，着目させるポイントを示します。併せて，クラスメイトや，ロールモデルとなる大人など，さまざまな人が話している動画を見て，自分と相手を比べる活動も取り入れます。そして，子どもたちが互いに気が付いたことを基に，わかりやすい話し方の特徴について話し合う活動への展開が考えられます。また，動画中の聞き手の「聞く姿勢」に焦点をあてるなど，学習のねらいによって映像で着目させる視点や問いかけを変えていくとよいでしょう。

話す相手や場面，話の内容などに応じて，話し方の工夫を考えるなど，さまざまな学習活動の展開が考えられます。そして，このような「話すこと」の学習成果を，「書くこと」の活動と関連させて，発展させることも考えられます。たとえば，国語科の「書くこと」の第３・４学年では「調べたことをまとめて報告するなど，事実やそれを基に考えたことを書く活動」（『小学校学習指導要領』p.34）として，新聞作りが取り入れられることが多くあります。最近の新聞では，QR コードを読み取ると，WEB サイトで詳しい資料や動画を見ることができるものがあります。このような方法を紹介し，新聞と併せて，子ども自身による手話での解説動画などを提供する，「話すこと」の学習と併せた展開が考えられます。校内の共有スペースに作成した新聞と併せてモニターやタブレット端末を設置して，動画を見ることができるようにす

るとよいでしょう。

2 オンライン双方向システムを活用した学習活動

小学校高学年以降の学習では，抽象的な思考が求められ，子どもたちが自分で実際に体験したことがない事柄について扱う単元が多くなります。聴覚障害児は，自分たちの身の回りの自然現象であることや，自分たちが暮らしている社会で実際に起きている出来事であるという実感を伴わずに学習している場合があります。教科書などの既存の資料だけでなく，その土地に住む同世代の聴覚障害児とリアルタイムでやり取りする中で，確かな実感として学びが深まる可能性があります。全国の聾学校や難聴学級などと連携して，オンライン双方向システムを活用した主体的・対話的な教育活動の展開が期待されます。以下では，小学校の教科での事例を紹介します。

国語科の第５・６学年の「共通語と方言」に関する単元では「語句の由来などに関心をもつとともに，時間の経過による言葉の変化や世代による言葉の違いに気付き，共通語と方言との違いを理解すること」が挙げられています（『小学校学習指導要領』pp.35-36)。子どもたちは普段使っている言葉についてあまり意識できていない状態であると予想されます。異なる地域の聾学校との協同学習は，子どもたちが言葉に意識を向けるきっかけとなります。たとえば，調べた方言について紹介し合

う，ゲーム形式で「これ（モノや状況）は何と言う？」というお題に対する互いの回答を比べるなどの活動が考えられます。自分と相手が使っている言葉の違いに気付き，地域の風土や文化に根付いた言葉について，深い学びへの発展がねらえます。自立活動や総合的な学習の時間なども利用し，手話においても，方言があることや世代によって表現が違うことに気が付き，手話も自分たちの言語であることについて併せて学習できるとよいでしょう。

身の回りの事象について扱う理科や社会科の学習では，さまざまな単元での活用が考えられます。例えば，理科の第５学年の「天気の変化」の単元では「天気の変化の仕方について，雲の様子を観測したり，映像などの気象情報を活用したりする中で，雲の量や動きに着目して，それらと天気の変化とを関係付けて調べる活動」を取り入れることが求められています（『小学校学習指導要領』p.104）。そこで，西日本と東日本の聾学校の子どもたちが，互いに雲の量や動きを観察して発表することや，気象映像から互いの地域の天気を予想して発表するなどの学習活動を通して，雲の量や動きと天気の関連や，西から東へと天気が変化することについて理解を深めることが考えられます。また，社会科の第５学年の「国土の様子と国民生活」の単元では「地形や気候などに着目して，国土の自然などの様子や自然条件から見て特色ある地域の人々の生活を捉え，国土の自然環境の特色やそれらと国民生活との関連を考え，表現すること」が求められています（『小学校学習指導要領』p.54）。聾学校の校舎のつくり，立地や気候，暮らしの様子などを紹介し合い，自分の学校や地域と違いを話し合うなどの学習活動が考えられます。

また，世界各国の聾学校との国際交流も行われています。たとえば，小学校第３・４学年の外国語活動の〔知識及び技能〕の内容には，「異なる文化をもつ人々との交流などを体験し，文化等に対する理解を深めること」が挙げられています（『小学校学習指導要領』p.174）。お互いの国の手話を覚えたり，英語や相手国の言語でチャットをしたりと，さまざまなコミュニケーションの工夫をします。プレゼンテーションソフトで写真や動画を用いて，互いの国の文化を紹介するなどの学習活動が考えられます。

話し言葉に困難がある子どもに対するICT活用と授業づくり①

5 吃音のある子どものICT活用と授業づくり

1 吃音のある子どもにおけるICT活用の必要性

話し言葉はコミュニケーションにおいて重要な役割を果たします。逆に，話し言葉の問題があると自分の思いや考えを相手にうまく伝えられず，時に誤解を与えてしまうなど，円滑なコミュニケーションを妨げることがあります。ここでは，まず，話し言葉に困難がある子どものICT活用と授業づくりとして，「吃音」について取り上げます。

吃音とは，本人の意図に反してスムーズに話すことが難しい状態を指し，繰り返し（あああした），引き伸ばし（あーーした），ブロック（……あした）の３つの吃音中核症状を特徴とします。吃音は約１割の幼児にみられますが，その多くは幼児期に自然治癒し，就学時の有症率は２％未満に低下します（森，2020）[1]。吃音のある子どもは，言語面の問題だけでなく，心理面の問題（例：日直の号令が嫌で休む，答えがわかっていても挙手しない）や環境面の問題（例：からかい，真似）も生じる可能性があり，各側面に対する多面的・包括的なアプローチが求められています（小林，2011）[2]。このうち，言語面の指導でICTを活用した授業づくりをすることで，これまで実現が難しかった新たな指導を展開できる可能性があります。

吃音のある子どもの多くは，「やわらかい（軟起声という喉の力を抜いてソフトに発声する）」，「ゆっくり（発話速度を遅くする）」の話し方をすることで症状が軽減します。しかし，会話をしながら筋肉の緊張状態や発話速度などの感覚を意識し続けるのは大人でも難しく，人によって感覚の程度や感じ方も異なります。そのようなときにICTを活用することで，無意識の感覚を「見える化」し，感覚への意識を高めながら練習できるようになります。

2 吃音指導（言語面）におけるICT活用①
—やわらかい話し方—

やわらかい話し方である軟起声の練習では，反対のかたい話し方である硬起声（喉に力を入れて低めの声で発声する）の出し分けをしながら喉の力を抜く感覚をつかんでいきます。そのようなときに声の強さを見える化できるアプリケーションを活用することで，やわらかい話し方を視覚から具体的にイメージすることができます。

このアプリケーションは既に製品化されており（例：Speech4Good），国内外のスピーチ・セラピーで活用されています。筆者も小学校のことばの教室の吃音指導で活用していましたが，声の出し方によって波形がリアルタイムに変わるため，子どもたちは低い声や高い声，小さい声や動物の鳴き真似など，さまざまな発声を試すなかで波形が変わるようすを楽しんでいました。そして，軟起声の波形に近づけるように繰り返し練習に取り組むなかで，「やわらかい話し方で言うと小さい波になる」，「かたい話し方で言うと大きい波になる」，「特につまりやすい最初の音を小さい波で言うと楽に言える」など，やわらかい話し方を具体的にイメージしながら学ぶ姿がみられました。

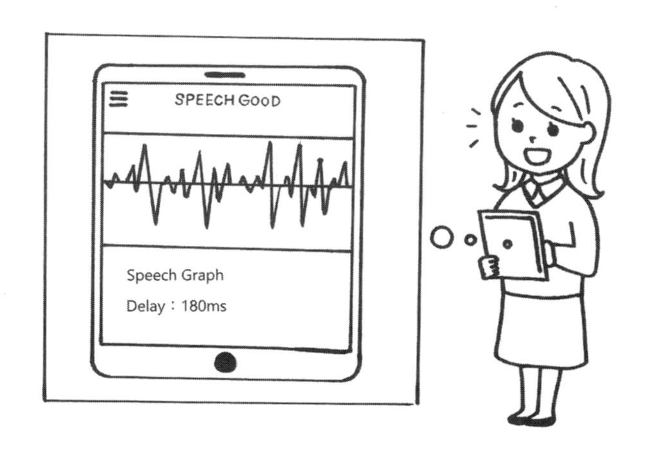

3 吃音指導（言語面）におけるICT活用②
—ゆっくりの話し方—

ゆっくりの話し方は，やわらかい話し方と比べて体感的に意識しやすいと考えられます。しかし，実際には最初の数秒～数十秒は意識できても，話すことに夢中になると意識を保ち続けるのは大人でも容易ではありません。会話をするときに私たちの頭の中では，「概念化（伝達内容を企図）」，「形式化（伝達内容を文や音に変換）」，「構音（発声発語器官を協調させて音声化）」，「聴覚フィードバック（発話中に自分の声を聞いて誤りがないかなどモニタリング）」，「言語理解（相手が話した内容を理解する）」など，さまざまな処理が行われています（Levelt, 1989）[3)]。そのため，情報を一時的に記憶し処理する能力であるワーキングメモリの容量が小さい子どもの場合は，単語・短文などの短い言葉では発話速度を調節できても，会話や遊びなどの複雑な処理を必要とする場面では情報処理が追い付かず，発話速度の調節が難しくなります。

そのようなときに，話すスピードが視覚で表示されるアプリケーションがあったらどうでしょう。車が好きな子どもは，「スピード違反にならないようにゆっくり話そう」，「前の車にぶつからないようにときどき『間』を空けて話そう」，「メーターで速度を確認しながら話せば大丈夫」など，発話速度を具体的にイメージしながら話す姿が予想されます。

このように，発話速度の感覚を数値やメーターで「見える化する」ことで，できた実感を持って練習に取り組むことができるようになると考えられます。練習中は「どもったか，どもっていないか」という聴覚フィードバックに注意が向きがちになりますが，そうすると余計に吃音が出やすくなることが最近の研究で明らかにされています（Civier et al. 2010）[4]。執筆時点ではまだ前ページの図のようなアプリケーションはなく，現状では主観的な感覚に基づいて練習が行われていますが，今後このようなアプリケーションが開発されれば，発話速度により注意を向けやすくなり，指導効果が高まることが期待されます。

【文献】

1）森浩一，2020，「吃音（どもり）の評価と対応」日本耳鼻咽喉科学会会報，123（9），1153-1160.
2）小林宏明，2011，「学齢期吃音に対する多面的・包括的アプローチ―わが国への適応を視野に入れて―」特殊教育学研究，49（3），305-315.
3）Levelt, W. J. M.（1989）ACL-MIT Press series in natural-language processing. Speaking: From intention to articulation. The MIT Press.
4）Civier, O., Tasko, S. M., & Guenther, F. H.（2010）Overreliance on auditory feedback may lead to sound/syllable repetitions: simulations of stuttering and fluency-inducing conditions with a neural model of speech production. Journal of Fluency Disorders, 35（3），246-279.

6 話し言葉に困難がある子どもに対するICT活用と授業づくり②
吃音のある子どもに対するさまざまな支援機器

1 ICTを活用した吃音補助装置①
―遅延聴覚フィードバック（DAF）―

吃音症状は常に変化しないわけではなく，場面や状況によって症状が変化します。たとえば，吃音のある子どもの多くは独り言，斉読（ほかの人と声を揃えて読む），騒音下での発話，リズム発話（メトロノームなどのリズムに合わせて発話），歌などの状況下では症状が改善しますが，そのなかの一つに遅延聴覚フィードバック（DAF）があります。

DAFとは，Delayed Auditory Feedbackの略で，マイクに向かって話した自分の声が数十ミリ秒から数百ミリ秒遅れてイヤホンから聞こえてきます。吃音のある人の一部はDAF下で症状が軽減します。海外では，SpeechEasyと呼ばれる補聴器に似た形状のDAF装置も販売されています。

DAFのイメージ

0.2秒遅れて自分の発話が
重なるように聞こえてくる

DAFの環境を構築するには，以前はアンプやエフェクターなどの音響機器や専門知識が必要でしたが，最近ではアプリケーションが開発され，スマートフォンとイヤホンがあれば自分に合った遅延時間や音量などを誰でも手軽に試すことができるようになっています。

DAF は吃音のある人すべてに効果があるわけではなく，人によっては逆に話しにくくなることもあるため，練習で導入する場合は慎重に検討したほうがよいですが，即時的な効果がある子どもの場合は吃音補助装置として役立つ可能性があります。人前での発表や電話など，その子が苦手とする場面でDAF を活用することで，楽に話せるようになるだけでなく，「これがあれば大丈夫」という安心感にもつながることが期待されます。

2　ICT を活用した吃音補助装置②―触覚フィードバック―

次に，触覚フィードバックについて紹介します。触覚フィードバックとは，たとえばポケットに入れた携帯の振動を体で感じるなどのことで，吃音のある人は触覚フィードバックに注意を向けると吃音が軽減することが報告されています。その理由としては，触覚フィードバックに注意を向けることで，先述した「どもったか，どもっていないか」という聴覚フィードバックから注意が逸れるためだと考えられます。

この既存の技術を応用し，振動を利用した吃音補助装置があったらどうでしょう。たとえば，音読が苦手な生徒が，音読をしながらポケットにあるスマートフォンが振動したらボタンを押す，などの場面が考えられます。この場面では，音読とボタン押しという２つのことを同時に行うため，認知的負荷が高まります。したがって，低年齢の子どもには適用できませんが，振動とボタン押しに注意が向くことで相対的に聴覚フィードバックから注意が逸れ，症状が軽減する可能性があります。

音読＋ポケットにある端末が振動

3 吃音指導（言語面・心理面）におけるICT活用 ―VRの活用―

最後にVRを活用した吃音指導（言語面・心理面）について紹介します。VRはVirtual Realityの略で，日本語では「仮想現実」と訳されています。VRはその名の通り実体験に近い体験をすることができ，あたかも現実であるかのように感じられます。ヘッドセットと呼ばれるゴーグルを装着すると，360度の映像が現れ，顔の向きに合わせて映像も変化するため，現実に近い仮想空間に没入する感覚を得られます。また，VR空間内は自分の足で歩き回ることができ，複数の人がVRゴーグルを装着することで複数人が同じVR空間に入ることもできます。最近ではVRスポーツ観戦やVR観光，VRによる医療技術のシミュレーションなど，さまざまな分野で活用されはじめています。

教育分野でもVR教育が導入されており，さまざまなVRコンテンツが報告されるようになっています。たとえば，疑似的なタイムマシンとして歴史体験のVR，災害を疑似的に体験する防災訓練のVR，バーチャル修学旅行などのVRコンテンツが開発されています。また，特別支援教育の分野でもVR職場体験や発達障害体験VR，リアルな場面体験を可能にするソーシャルスキルトレーニングVRなど，学びの質の向上につながるVRコンテンツが開発されています。

吃音の分野でも「段階的エクスポージャー」にVRの活用が試みられています。段階的エクスポージャーは認知行動療法の技法の一つで，不安な場面を回避せず段階的に慣らしていきながら不安反応を減少させる技法で，パニック障害や社交不安症などの支援でも有効とされています。吃音のある成人や子どもは社交不安症の併存率が高く，認知行動療法によって社交不安や吃音に伴う生活困難度が減少したことも報告されており，言語面と心理面の指導支援を併用して行うことで，吃音問題の軽減につながると考えられます。具体的には，不安が弱い場面（例：仲の良い友達の前で発表）から強い場面（例：全校生徒の前で発表）へと段階的に不安状況に慣れていき，場面に対する不安の軽減を図っていきます。

言語面の指導では，これまで個別指導で練習はできても実場面（例：自己紹介）で実際に体験する機会を確保するのが難しく，個別指導と実場面のギャップを埋めるのが課題でした。このギャップを埋めるため，グループ学習で体験の機会を増やす取り組みもされていますが，ことばの教室におけるグループ学習の実施率は低く，通級児童が数名しかいない教室もあり，グループの編成自体が難しい教室も多くあると推察されます。

そのようなときに，VR コンテンツがあれば実場面を疑似的に再現することができます。たとえば，人前での発表場面を VR で再現し，個別指導で練習した楽な話し方を仮想現実の世界で体験することで，実場面に近い体験を積むことができます。また，VR は実場面と異なり時間・場所を問わず何度でもシミュレーションできます。そのため，段階的エクスポージャーに VR を取り入れることで，個別指導と実場面とのギャップを埋めることができ，練習の成果を実場面でより発揮しやすくなると考えられます。

VR ゴーグルをつけている様子

注意点として，一般的な VR ゴーグルの使用は13歳以上が適当とされており，小さな子どもが大人用の VR ゴーグルを使用すると視力に影響が出る可能性があります。また，VR コンテンツの開発や独自の VR 教材を作成するためのソフトは高額であるため，学校現場で導入するには課題があります。今後，小学生も安心して使用できるようなゴーグルが開発され，普及に向けた政策的な取り組み等が行われることでコスト面のハードルが下がり，より多くの学校で VR 教育が拡大・発展していくことが期待されます。

7 話し言葉に困難がある子どもに対するICT活用と授業づくり③ 場面緘黙のある子どもにおけるICT活用と授業づくり

1 場面緘黙のある子どもにおけるICTの活用

場面緘黙（ばめんかんもく）とは，家庭などでは普通に話すことができるにも関わらず，学校や習い事などの特定の場所・状況では声を出したり話したりすることができない症状が続く状態を言います。医学的には不安症群に分類されており，規模の大きい学校では1～2人いると推定され，多くは幼稚園や保育園に入園する頃に症状が現れます（金原・高木，2018）[1]。症状の現れ方は，学校で全く話せない子から特定の友達や先生とは話せたり，答えが決まっている問題や音読では話せたりする子までさまざまです。場面緘黙のある子どもは話せないだけでなく，不安や緊張から固まって動けなくなる緘動（かんどう）を伴うことがあり，たとえ発話できるようになったとしても社交不安や不登校などの二次的な問題につながるケースもあるため，早期からの適切な対応が重要です。

ここでは，場面緘黙のある子どもにおけるICTを活用したコミュニケーションツールについて紹介します。

2 場面緘黙のある子どもにおけるICT活用① —電子メモパッド—

コミュニケーションにおいて話し言葉は情報や感情などを伝え合う上で重要ですが，コミュニケーション手段は話すことだけではありません。身振りや表情，視線などの非言語コミュニケーション，文字やイラスト・写真，ICTを活用したコミュニケーション（例：メール，SNS，ビデオ通話）など，私たちは日常的にさまざまなコミュニケーションツールを活用しながらやりとりしています。

場面緘黙のある子どもは話すことは難しくても，その子に合ったさまざまなコミュニケーションツールをうまく活用することでコミュニケーションを取れる場合があります。たとえば，身近なコミュニケーションツールとして「筆談」があります。筆談は，多くの情報を伝達できる効果的なコミュニケーションツールの一つです。

最近は，メモ用紙や付箋に書くだけでなく，ICT を活用したコミュニケーションツールとして電子メモパッド（例：ブギーボード）も販売されています。電子メモパッドはボタン一つですぐに消すことができ，軽量で持ち運びしやすく手で持ちながら書くこともできるため，日常の何気ない場面で活用しやすいと考えられます。

ブギーボード

「筆談に慣れると逆に話さなくなってしまうのではないか？」という声を聞くこともありますが，まずは何らかの手段を活用してコミュニケーションを図る姿勢が大切だと考えます。「話すか，話さないか」の二択ではなく，「コミュニケーションを取れているかどうか」に着目し，さまざまなコミュニケーション手段を活用しながらスモールステップで話し言葉への移行を目指していくとよいでしょう。周囲の目を気にして筆談を嫌がる場合には，まずは一対一で信頼できる友達や先生と筆談をしたり，話し合い活動で付箋を活用したりするなど，文字によるコミュニケーションの機会を増やしていくことで，「使ってみようかな」という気持ちが芽生えてくる可能性があります。

3 場面緘黙のある子どもにおけるICT活用②
―録音・録画の再生―

続いて，声を出すきっかけづくりとして，「録音・録画の再生」について紹介します。場面緘黙のある子どもは自分の声を聞かれる経験自体が少ないため，声を出すという高いハードルの前に，自分の声を聞かれる経験も必要だと考えられます。録音・録画はICレコーダーやスマートフォン等で簡単に行うことができ，劇や卒業式のセリフ，音読などのさまざまな場面で活用できます。録音・録画したものを再生するときは，「いつ・どこで・どのように」流すかを事前に本人とよく確認し，再生する場面や状況もスモールステップで取り組むとよいでしょう。最近では，写真や画像をタップすると音声が流れるアプリケーションも販売されており（例：号令の画像をタップすると「これから1時間目の授業をはじめます」と音声が流れる），録音のバリエーションや手段も豊かになってきています。

4 場面緘黙のある子どもにおけるICT活用③
―メタバースの活用―

最後にメタバースを活用したコミュニケーションについて紹介します。メタバースとはインターネット上の「仮想空間」のことで，meta（超）とuniverse（宇宙）を合成した造語になります。メタバース上でアバターと呼ばれる自分の「分身」となるキャラクターを作ることで，他者とコミュニケーションや作業などをすることができ，現実の世界と同じような体験をすることができます。

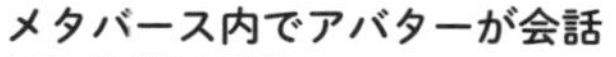
メタバース内でアバターが会話

アバターは新たなコミュニケーションツールとして注目されており，VRゴーグルを装着すれば目の前に相手がいるかのように感じられ，現実に近いコミュニケーション空間を作ることができます。

メタバースでは，アバターを介した音声会話で現実に近いコミュニケーション経験を積むことができるため，場面緘黙のある子どもでも取り組みやすいと考えられます。近年，Shining children というメタバースで仲間とコミュニケーションを取りながら活躍できる場を提供するプロジェクトが発足されました。立ち上げメンバーの通称みいちゃんは，場面緘黙で家族以外の人とコミュニケーションが取れない中，メタバースで多くの仲間と出会い，メタバース内の活動を通して不安が和らぐことを実感し，このプロジェクトを立ち上げたそうです。メタバースは場面緘黙や話し言葉の問題がある子どもの新たなコミュニケーション空間として位置づく可能性があり，今後，国内の利用者や市場規模が拡大していくことで，誰でも気軽に利用できるようになることが期待されます。

【文献】

1）金原洋治，高木潤野，2018,『イラストでわかる子どもの場面緘黙サポートガイド：アセスメントと早期対応のための50の指針』合同出版

8 重症心身障害児に対するICT活用と授業づくり①
重症心身障害児の授業づくりのポイント

1 重症心身障害児の授業づくりとICT活用

個別最適化された学びを実現するという視点から，重症心身障害児の授業づくりを考えた場合，個々の障害特性に応じて教材を個別にカスタマイズすることがとても重要になることは容易に想像できます。たとえば，ある子どもは視覚はあまり活用できないから，聴覚を中心としたアプローチを考えないといけないなど，個々の子どもの障害の状態や程度に応じて，課題や指導方法を変えていくことが求められます。

このように，重症心身障害児の授業づくりでは，活用できる感覚（チャンネル）は限られていることから，個別に工夫していかなければなりません。たとえば，重症心身障害児の自立活動の授業で，「環境の把握」について取り上げたとします。具体的には，視覚・聴覚をはじめとして，触感やにおいなど，活用できる感覚を総動員して，「外界の変化を感じ取る」ことを目的として自立活動の授業を考えたとします。具体的には，ある子どもは手を触って外界（環境）を把握するけれども，別の子どもは音楽（聴覚）を使って外界（環境）を把握するというように，個別に最適な方法を選択していくことが重要となります。

もちろん，だからといって教材を一人ひとり変えるというのではなく，みんなで共通の教材を楽しみながら協働的に学ぶことも重要です。このように，一人ひとりの学びを深めることと，みんなで楽しく学ぶという両面を実現できるように授業の計画を立てることが重要となります。

2 多感覚アプローチを可能にする ICT の活用と教師の指導技術

こうした重症心身障害児に対する授業づくりは，複数の子どもの特性をふまえて，さまざまな感覚を総合的に組み合わせることが基本となります。そのため，どこまでが「自立活動」で，どこからが「教科学習」なのかというラインを明確にすることは難しく，両者を融合しながら（あるいは混在したまま）授業づくりを進めていく必要があると言えます。

実際の授業では，重症心身障害児が主体的に教材と関われるようにするためには，多様な感覚を活用することは欠かせません。これまでであれば，授業を進行する教師と，子どもの身体的ケアをする教師がチームティーチングをしながら，音楽をかけて授業を盛り上げるなど，多感覚アプローチを実現してきました。これが今後は ICT を駆使して授業を展開することで，音や光を中心に，直接，子どもにふれることなくアプローチできる感覚については，リモートでコントロールできることが多くなります。そのため，教師は，授業場面では，より子どもと直接関わることができるようになります。

3 音楽と映像を組み合わせた授業づくり

具体的に，重症心身障害児の授業づくりで ICT を活用した授業をみていきましょう。

ある特別支援学校で行われた重症心身障害児に対する授業では，「冬を感じて表現しよう」という単元名で音楽科の授業が行われました。この授業では，「冷たい風」や「雪」などの冬の季節をイメージできる楽器として，ウインドチャイム，トライアングルを取り上げ，「キーンと凍り付いた空気感」を想起させることをねらって進められました[1)]。また，鳴らす箇所がわかりやすく，冬のイメージを想起しやすい曲として，「キラキラ さらさら」（岡洋子作）や，「冬げしき」を選曲していました。

このとき，ウインドチャイムは，重症心身障害児が小さな動きをしたり，さわるだけで音が出るので，重症心身障害児でも音を鳴らすことができると考えていました。また，寒い冬を感じられるように，窓を開けて冷たい風を入れたり，「雪が降っている映像のスクリーンを背景に雪に見立てた白いバルーンを使って降雪を感じたりして，触覚や視覚など様々な感覚を使って冬の季節感を感じられる」ように，授業を工夫していました。

ただし，この授業は単に楽器を鳴らすだけでなく，参加している子どもたちが曲の雰囲気を感じられるように，さまざまな工夫をしていました。たとえば，ウインドチャイムの「魅力的な音」に気付くために，音源の位置や無音，間の取り方で音に注目できるようにするなど，音の出し方を工夫していました。また，「自分なりの表し方で表現する」ために，それぞれの自由な表現を受け止めながら，わずかな動きを見逃さずに教師からの反応を返していく授業を展開していました。

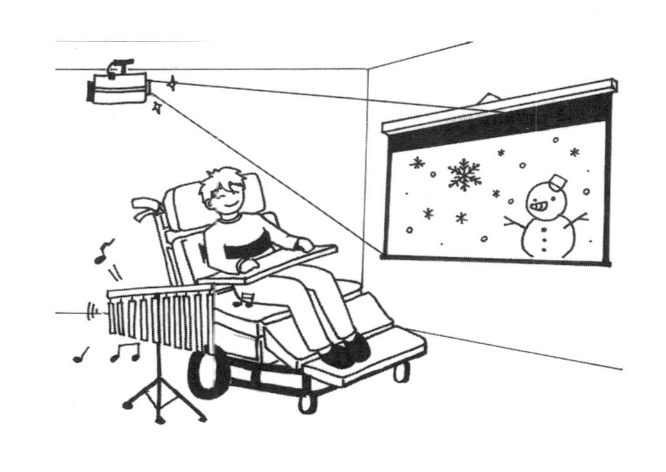

4　教室を劇場化した授業づくり

以上のように教室を劇場化する授業は，本書の中で紹介した知的障害のある子どもの授業のなかでも，いくつか紹介してきました。こうした授業では，ICT を活用して教室を劇場のように演出することで，想像力を高めていくことができると述べてきましたが，重症心身障害児では，もっと感覚・知覚のレベルでの効果を期待しています。

すなわち，「音に気付く」という感覚的な理解を深めていくために，ICT を有効に活用して「冬を演出する」ことが音楽科の教科学習で行われていたということです。重症心身障害児は，概念的に冬を理解することは難しいと考えられますが，雪の映像をプロジェクターから映写することで，少なくとも，教師は「冬」をイメージして子どもたちに関わるようになります。

そうすると，（教師が冬をイメージして授業に参加するので）教室全体が「冬」に包まれるような雰囲気になっていきます。重症心身障害児がこの教室の雰囲気をどのように感じ取っているかはわかりませんが，こうしたアプローチを繰り返すことによって，教師を含めてこの授業に参加している全員が「冬」を感じる音楽の空間になっていくのだと考えます。

このように，重症心身障害児の授業づくりでは，ICT を活用することで，日常生活では感じられない空間ができ，そうしたなかで新しいことを感じ取っていくことができるならば，それは重症心身障害児の「深い学び」につながる実践であると考えます。

1）この実践は，いしかわ特別支援学校の肢体不自由部門で行われた授業の学習指導案を基にして記述しています。

重症心身障害児に対するICT活用と授業づくり②

9 言葉を感じる授業づくり ～ブレーメンの音楽隊～（国語／自立活動）

1 コロナ禍におけるリモート授業の展開

コロナ禍において，重症心身障害児の授業は大きな制限を受けました。特に病院に入院している子どもの教育は，感染症対策を徹底する必要があることから，対面で実施する授業が制限され，リモートで実施することもありました。ただし，重症心身障害児は画面越しに登場する先生が，それまで授業を行っていた人と同じであるという認識をもつことが難しいため，リモートで授業を行うことを求められても，はじめのうちは何をどのようにしたらよいのかわからないことも多かったと考えられます。

折しも，コロナ禍でリモート授業が求められるようになった時期は，特別支援学校学習指導要領が改訂されて間もない頃であり，知的障害のある子どもに対して教科学習中心の教育課程へと転換することが求められた時期でした。この改革は重症心身障害児にも影響を与え，特別支援学校学習指導要領解説総則編では，「特別支援学校小学部の１段階の内容を習得し目標を達成することが難しそうな児童」に対しても，「１段階から丁寧に指導するという判断がある」と指摘されています（『解説総則編』p.343）。こうしたなかで，筆者は入院している重症心身障害児に対し，「リモート授業」で，『ブレーメンの音楽隊』を教材にした授業を見る機会がありました[1)]。

2 リモートで行われる国語の授業の内容と方法

この授業では，授業に参加している子ども（重症心身障害児）に，「○さ

〜ん」と声をかけることからはじめ，『ブレーメンの音楽隊』の話の流れに沿って，いろいろな動物が画面越しに登場し，その動物の鳴き声を聞かせるという展開でした。教師は学校から授業を配信し，ベッドサイドで重症心身障害児がタブレットの画面を見て，授業に参加するというかたちで進められました（右上図参照）。

オンライン画面上に登場する教師と動物

この授業に参加していた重症心身障害児が，先生からの声かけに応答したのか，馬の絵に反応したのか，あるいは馬の鳴き声に興味をもったのかはわかりません。しかし，このリモート授業を参観した教師からは，明らかに授業が始まる前にベッドに横たわっていたときの表情とは違う，楽しそうな様子が見受けられたと報告されています。

このように，認識面で大きな制約を受けている重症心身障害児には，対面で，手を取り，直接的に話しかけ，関わる授業を行わないと，学べないのではなく，リモートの授業であったとしても，授業の工夫次第で子どもに興味をもってもらえる授業を行うことは可能であるということがわかりました。

3 リモート授業のなかに含まれる教師の意図と指導技術

もちろん，『ブレーメンの音楽隊』を画面越しに見せただけで，重症心身障害児がリモート授業に興味を示したわけではありません。そこには，リモートの特性を生かした緻密な教師の意図や指導技術が詰まっていました。

たとえば，『ブレーメンの音楽隊』の話が始まったときに，教師が「お話の扉が開くよ」と子どもに声をかけ，画面に向かって左側の枠のなかで幕が開くように設定していました。その上で，開いた幕の先には，馬などの『ブレーメンの音楽隊』の話に出てくる動物がいて，それを見せた後，「誰がいたかな？」と教師が子どもに問いかけていました。

このとき，授業に参加している子どもの表情を見ると，動物が出てくることを「(ハラハラ，ドキドキしながら）期待している」様子が感じ取れました。そこで教師は，次の展開をすぐに見せてしまうのではなく，間をつくって「ためる」ような関わりも見られました。また，イラストを見せる前に，犬の鳴き声を先に聞かせて，「何か聞こえてきたね」「誰だったっけ？」「準備はいい？呼んでみようか」というように，期待を高めるような働きかけも意図的にしていました。

重症心身障害児の場合には，こうした意図的な働きかけがどこまで理解できているかはわかりません。もしかしたら，鳴き声とイラストの絵しかわからずに，教師の働きかけはあっても，なくても，あまり変わらなかったかもしれません。しかし，それでも，教師の「間」や「ためる」ような働きかけがあることで，授業のリズムがつくられ，教師が動物のイラストを画面に登場させたときに，「やっぱり出てきた！」という思いを教師と子どもが共有できたのではないかと考えます。

4 「ゆさぶる」ことにより，深い学びへ

以上のような重症心身障害児に対するリモート授業は，従来から行われてきた指導と，現在のテクノロジーを駆使した新しい指導が融合しているものであると考えられます。

すなわち，『ブレーメンの音楽隊』の話を読んで，文化を伝えていこうとすることはICTを活用して授業を行う以前から行われてきたことです。また，その授業づくりのなかで，単に感覚訓練をするのが重症心身障害児の教育なのではなく，活用できる感覚を窓口にして，気持ちを「ゆさぶり」ながら，

「この後～が出てくるはずだ」という「期待」を引き出す授業づくりは従来から重症心身障害児の教育で大切にしてきたことです。

今回，紹介した授業は，こうした定番とも言える重症心身障害児の教育実践を，ICT をフル活用したリモートの授業で行ったということです。すなわち，『ブレーメンの音楽隊』の授業で言えば，動物の鳴き声（聴覚）や，動物のイラスト（視覚）は，デジタル音で本物さながらに流したり，イラストを見せるタイミングを工夫したりして，まるで映画やテレビのアニメを見ているような気持ちにさせる演出をしていました。その一方で，教師がその横の枠にライブで登場し，子どもに呼びかけるなど，テレビから司会者が飛び出して，視聴者に直接，語りかけてくるかのように授業を展開することで，リモートでありながら，臨場感の高い配信（授業展開）になったと考えます。

このように，他者（教師）からの働きかけにより，重症心身障害児が揺さぶられ，新しい「私の世界」を形成していく授業の展開は，リモート授業でも同じです。いや，リモートで授業を実施するように迫られたからこそ授業づくりの重要なプロセスが見えてきたのではないかと考えます。現在，対面で授業を実施できる状況が戻っても，こうした ICT 活用の良さを継続し，指導を展開していけば，重症心身障害児の深い学びをこれまで以上に実現できるのではないかと考えます。

1）この授業は高知県立高知江の口特別支援学校（国立高知病院分校）で行われた大房貴子先生の実践です。

資料

特別支援教育におけるICT活用（一覧）

本書で紹介したICT活用例を一覧にすると，以下のようになります。

教科	領域	ICTの活用例	ページ
国語科	合理的配慮	読み上げソフトを用いて読書をサポートする。	32
	合理的配慮	タブレットを使って言葉を伝える。	32
	読むこと	電子ブックで絵本を見る。	34
	読むこと	お話の世界を教室に再現し，テーマパークのように体験する（お話の世界観をプロジェクションマッピングのように演出する）。	35
	聞くこと・話すこと	お気に入りのお話に音声を入れる（アフレコを楽しむ）。	37
	合理的配慮	文字を書く労力を軽減するためにPCに文字を入力する。	39
	合理的配慮	板書を書き写すことが苦手な子どもには板書を写真に撮って，子どものクラウドに送信する。	39
	書くこと	体験したことを思い出せるように，それをタブレットに写真や動画を貼り付ける。	39
	書くこと	キーワードとなる言葉をネットで検索して，文例を探して，その文例をもとに作文する。	39

算数科・数学科	合理的配慮	計算が苦手な子どもが計算機を使う。	41
	数と計算	得点シーンを映像で見て，得点を数える。	43
	数と計算	タブレットのタッチパネルの機能を利用して，指さして，画面をタッチした物は表示が薄くなり，一度押した物はもう一度押してもカウントできないようにする。	44
	数と計算	一度数えたものを再度押すと「ブブ」という音が出るようにタブレットを設定して数を数える。	44
	数と計算	タブレット上でお皿にあるりんごをキャラクターの口のところに移動させ，パクっとりんごを食べるような画面で数を数える。	44
	数と計算	タブレット上でりんごが抽象的な「〇」に置き換わって見えるようにする。	45
	図形	タブレット上で線は端にふれないと結びつかないようにしたり，３本または４本の線がつながったときに，できた領域のなかの色が変わるようにする。	47
	図形	自分で作った三角形や四角形が同じ形であるかどうかを確かめるために，画面上でその形を移動させて重ね合わせてみる。	47
	図形	タブレットを電子黒板につないで映し出し，みんなで形を動かす。	48
	図形	三角形のおにぎりや，四角形の揚げ物を，四角形の容器に入れる。	48
	図形	タブレット上で図形を動かし，「立体」をいろいろな角度から見る。	49

	データの活用	Excel などの表計算ソフトを使用して，量と重さの関係を一覧にする。	50
	データの活用	売れた個数を Excel にデータを入力し，棒グラフにして示す。	52
音楽科	鑑賞	端末に音楽を保存して聴きたいところを何度でも繰り返し聴く。	55
	表現	教師がお手本動画を Youtube 上にアップロードしておき，それを見ながら演奏の練習をする。	55
	表現・鑑賞	自分たちの演奏をカメラやボイスメモで記録して，自分たちがどのような音を奏でていたのかを確認する。	55
	表現	メトロノームのアプリを使って練習の際にテンポをキープしながら演奏する。	55
	表現	教科書に掲載されている QR コードから奏法を学ぶ。	55
	鑑賞	高性能のヘッドホンを使って，音を鮮明に聴く。	55
	合理的配慮	歌詞をテレビモニターに表示して，障害のある子どもが歌っているところがわかるようにする。	56
	合理的配慮	打楽器の楽譜をタブレット上に示し，どのタイミングでたたけばよいかがわかるようにする。	56
	表現	４人の演奏を一人ずつ録音し，それを合成して合奏にする。	57
	表現	ICT 機器を用いてベースとなる音源を流し，その上で生徒が楽器を鳴らして，演奏する。	58
	表現	ICT を活用して手に持てないくらいの楽器を一度に演奏する。	59

	創作	タブレットに曲づくりができるアプリをインストールして，それぞれの子どもの感性に従い，楽しい音楽を創りだす。	60
	創作	タブレット上に表示された白枠をタッチして，色を付けると，スタートボタンを押すだけで，曲になって音楽が流れる。	61
	創作	タブレットでラップを楽しむ。	62
	表現	作った曲を前に戻したり，早送りして楽しむ（DJ のように，自分が作った曲をみんなの前で披露する）。	63
美術科	鑑賞	デジタル写真にして，テレビモニターに映し出す。	65
	表現	写真を撮った後，デジタル上でフレームを選んだり，背景の色を選択したりする（背景に音楽を加えたりして，フォトブックのテーマに合わせたアレンジをする）。	65
	鑑賞	子どもたちが描いた作品が，まるで水槽の中で泳いでいるかのように見えるように，ICT を活用して演出する。	67
	表現	塗りたい領域をタッチするだけで色が付くペイントアプリを活用して塗り絵をする。	68
	鑑賞	パソコン上で色のグラデーションを見る。	69
保健体育科	体育全般	自分のフォームを動画で録画し，その場で確認して，どのように修正すればよいかを考える。	71
	ダンス	バックミュージックを流して，弾むときに「ピョーン，ピョン」といった効果音を挿入して，弾んで飛ぶことをサポートする。	73

	ダンス	友達が動いている演技を見て，スポットライトを当てたり，音響のスイッチを入れるなど，ダンスの発表会を演出する。	74
	ダンス	録画した映像を編集する（タイトルを入れたり，キャプションを入れる）。	74
	ダンス	YouTube などから流れてくる音楽に合わせてダンスをする。	75
	ダンス	家で踊った内容を録画してもらい，それを学校でみんなで見て楽しむ。	75
	球技	的に当たったら音が出るように電子ボードを作成したり，的の枠を光るようにして，「目標」がはっきりとわかるように表示する。	77
	球技	一定の高さまで腕（または，持っているボール）が上がったら音楽が流れるように設定する。	77
生活科・社会科	社会のしくみ	バスが動いていく様子を動画で収録し，バスがどのルートを通っているのかを学習する。	81
	公共サービス	記帳台で書いた請求書類が市役所の人に渡されたあと，どのようにその書類が流れていき，住民票が発行されるのかといった流れ（しくみ＝行政システム）が見えるように動画教材を作成する。	83
	地理	観光協会が HP にアップしている現地の観光地や料理などを見ながら，自分地域の食材と何が違うのかという点を調べて，まとめる。	85

理科	物質・ エネルギー	スイッチを押したら電球が一斉に点くようにして，電気の流れを可視化する。	88
	物質・ エネルギー	「でんきの冒険」などの動画を作って,「でんき」役のキャラクターがトンネル(導線)を走るように教材を作成する。	89
	物質・ エネルギー	風速を上げるスイッチやリモコンの風力メーターを見て，風力を段階的に上げることで船や車がどのくらい遠くまで動いたのかを記録にとって比較する。	91
	地球・自然	雨が山に降り，山から川に水が流れ，それが河口まで流れ，海に出て，水蒸気になって雲になり，雲が山にぶつかると雨が降るといった一連のサイクルを映像化した教材をつくる。	93
	生命	定点カメラを設置し，毎日同じ時刻に写真を撮り，その写真を連続してコマ送りすることで虫の成長過程を視覚化する。	95
職業・家庭科	職場選択	会社のホームページを検索して，職場の雰囲気を知る。	97
	金銭管理	計画的にお金を使えるようにするためにExcel ソフトを使って金銭管理シミュレーションをする。	99
	職業体験	働いている人にインタビューをして，インスタグラムにアップする。	103
総合的な学習(探究)	創作活動	オンライン上のアクアリウムに，生徒の作品を展示する。	108
	創作物の鑑賞・ 評価活動	オンライン上にアップロードされた共同作品を鑑賞し，自分がいいと思ったほかの生徒の作品に「いいね」のリアクションを付けていく。	109

総合的な学習（探究）	修学旅行の調べ学習	インターネットを利用して調べることを通して，味や見た目を調べるだけでなく，その製法や，場合によっては歴史などについても調べ，地域の文化を深く知る。	113
英語科	ヒヤリング	ネイティブ・スピーカーの英語を録音したものを聞く。	114
病弱児	合理的配慮	タブレットでお祭りの様子をリアル配信しながら，病室のなかでも子どもはお祭りの雰囲気を楽しめるようにする。	121
	合理的配慮	ロボットが病室に入ってお客さんの代わりをする（模擬店の店主である病室にいる子どもは，その注文を受けて，ロボットに商品を持たせて，病室を出るように命令し，プレイルームにいる教員や看護師に届ける）。	121
聴覚障害児	合理的配慮	大型モニターで教科書を拡大して提示し，子どもの視線を前方に向ける。	126
	合理的配慮	書画カメラ（実物投影機，OHC）をモニターに接続して，物や教師の手元を大きな画面で見せる。	126
	合理的配慮	スマートフォンやタブレット端末などを用いて音声情報を文字化する。	127
	教科学習	自分自身が手話で話している様子の動画を視聴する。	129
	教科学習	学級新聞にQRコードを付与し，子ども自身による手話での解説動画が見られるようにする。	129

	教科学習	オンライン双方向システムを活用して，全国各地の聾学校や難聴学級の子どもがともに学び，自分の住む地域の風土や文化について話し合う。	130-131
	探究活動	オンライン双方向システムを活用して，世界各国の聾学校と国際交流する。	131
言語障害児	自立活動	声の強さを見える化できるアプリケーションを活用し，発話速度の感覚を数値やメーターで見える化する。	133
	自立活動	マイクに向かって話した自分の声を数十ミリ秒から数百ミリ秒遅れてイヤホンから聞き，自分の話し言葉をモニターする。	136
	自立活動	人前での発表場面を VR で再現し，個別指導で練習した楽な話し方を仮想現実の世界で体験する。	139
	合理的配慮	電子メモパッドを使って，文字によるコミュニケーションを行う。	141
	自立活動	メタバース上でアバターと呼ばれる自分の「分身」となるキャラクターを作り，他者とコミュニケーションする。	142
重症心身障害児	自立活動（音楽）	触覚や視覚など様々な感覚を使って冬の季節感を感じられるように教室空間を演出する。	145-146
	自立活動（国語）	オンラインで『ブレーメンの音楽隊』の話を読み聞かせする（イラストを見せるタイミングで，動物の鳴き声を出すなど，演出を工夫する）。	148-149

【編著者紹介】
新井　英靖（あらい　ひでやす）
茨城大学教育学部教授

【著者紹介】
茨城大学教育学部附属特別支援学校

【執筆者紹介】※所属は執筆時のものです
新井　英靖　（茨城大学教育学部）第１章／第２章１～27／第２章１～27・30／第３章１～２・８～９
斎須　久依　（茨城大学教育学部附属幼稚園）第２章21～25
秋葉　桃子　（茨城大学教育学部）第２章９・10・11
瀬谷　裕輔　（茨城大学教育学部附属特別支援学校）第２章28・29
山本美波子　（茨城大学教育学部附属特別支援学校）第２章28・29
小野　貴史　（茨城大学教育学部附属特別支援学校）第２章28・29
井口亜希子　（茨城大学教育学部）第３章３・４
石田　　修　（茨城大学教育学部）第３章５～７

〔本文イラスト〕落合　杏花　（茨城大学教育学部学校教育教員養成課程特別支援教育コース）
津川　徳美　（茨城大学教育学部学校教育教員養成課程特別支援教育コース）

特別支援教育サポートBOOKS
特別支援教育の視点でつくる
「個別最適な学び」と「協働的な学び」

2024年９月初版第１刷刊　©編著者　新　井　英　靖
著　者　茨城大学教育学部附属特別支援学校
発行者　藤　原　光　政
発行所　明治図書出版株式会社
http://www.meijitosho.co.jp
（企画）木村　悠（校正）川上　萌
〒114-0023　東京都北区滝野川7-46-1
振替00160-5-151318　電話03(5907)6703
ご注文窓口　電話03(5907)6668

＊検印省略　組版所　広研印刷株式会社

Printed in Japan　ISBN978-4-18-362427-7